《科学美国人》精选系列

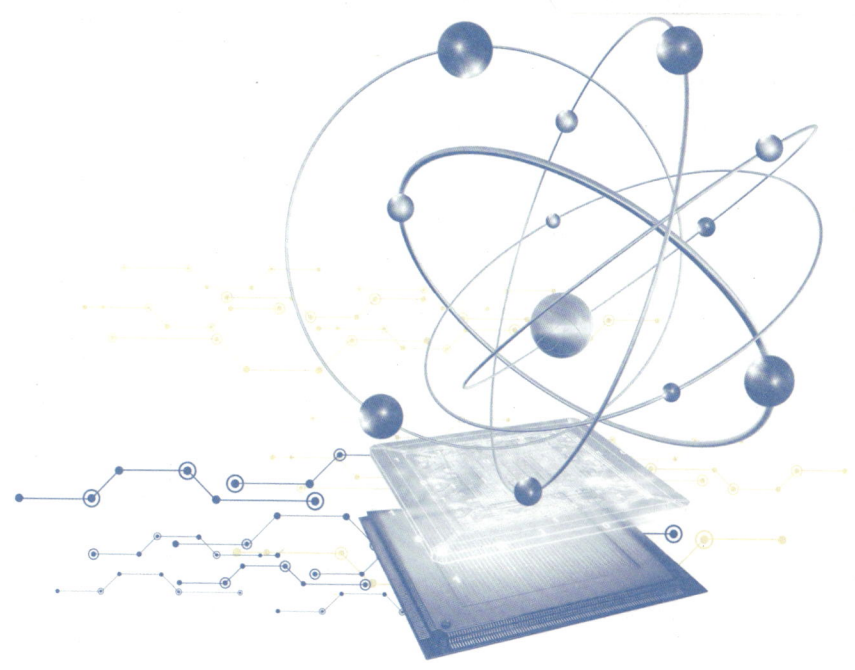

极简量子大观

《环球科学》杂志社 | 编
外研社科学出版工作室

外语教学与研究出版社
FOREIGN LANGUAGE TEACHING AND RESEARCH PRESS
北京 BEIJING

图书在版编目（CIP）数据

极简量子大观 /《环球科学》杂志社，外研社科学出版工作室编 . —— 北京：外语教学与研究出版社，2018.5
（《科学美国人》精选系列）
ISBN 978-7-5213-0061-1

Ⅰ. ①极… Ⅱ. ①环… ②外… Ⅲ. ①科学知识 - 普及读物 Ⅳ. ①Z228

中国版本图书馆 CIP 数据核字 (2018) 第 103218 号

出 版 人	徐建忠
责任编辑	郭思彤
责任校对	李盎然
装帧设计	水长流文化
出版发行	外语教学与研究出版社
社　　址	北京市西三环北路 19 号（100089）
网　　址	http://www.fltrp.com
印　　刷	北京华联印刷有限公司
开　　本	710×1000　1/16
印　　张	12.5
版　　次	2018 年 6 月第 1 版　2018 年 6 月第 1 次印刷
书　　号	ISBN 978-7-5213-0061-1
定　　价	59.80 元

购书咨询：(010) 88819926　电子邮箱：club@fltrp.com
外研书店：https://waiyants.tmall.com
凡印刷、装订质量问题，请联系我社印制部
联系电话：(010) 61207896　电子邮箱：zhijian@fltrp.com
凡侵权、盗版书籍线索，请联系我社法律事务部
举报电话：(010) 88817519　电子邮箱：banquan@fltrp.com
法律顾问：立方律师事务所　刘旭东律师
　　　　　中咨律师事务所　殷　斌律师
物料号：300610001

《科学美国人》精选系列

丛书顾问

陈宗周

丛书主编

刘　芳　　章思英
褚　波　　姚　虹

丛书编委（按姓氏笔画排序）

刘雨佳　刘晓楠　李盎然　吴　兰　何　铭　罗　凯
赵凤轩　郭思彤　韩晶晶　蔡　迪　廖红艳

序 集成再创新的有益尝试

欧阳自远
中国科学院院士　中国绕月探测工程首席科学家

《环球科学》是全球顶尖科普杂志《科学美国人》的中文版，是指引世界科技走向的风向标。我特别喜爱《环球科学》，因为她长期以来向人们展示了全球科学技术丰富多彩的发展动态；生动报道了世界各领域科学家的睿智见解与卓越贡献；鲜活记录着人类探索自然奥秘与规律的艰辛历程；传承和发展了科学精神与科学思想；闪耀着人类文明与进步的灿烂光辉，让我们沉醉于享受科技成就带来的神奇、惊喜之中，对科技进步充满敬仰之情。在轻松愉悦的阅读中，《环球科学》拓展了我们的知识，提高了我们的科学文化素养，也净化了我们的灵魂。

《环球科学》的撰稿人都是具有卓越成就的科学大家，而且文笔流畅，所发表的文章通俗易懂、图文并茂、易于理解。我是《环球科学》的忠实读者，每期新刊一到手就迫不及待地翻阅以寻找自己最感兴趣的文章，并会怀着猎奇的心态浏览一些科学最前沿命题的最新动态与发展。对于自己熟悉的领域，总想知道新的发现和新的见解；对于自己不熟悉的领域，总想增长和拓展一些科学知识，了解其他学科的发展前沿，多吸取一些营养，得到启发与激励！

每一期《环球科学》都刊载有很多极有价值的科学成就论述、前沿科学进展与突破的报告以及科技发展前景的展示。但学科门类繁多，就某一学科领域来说，必然分散在多期刊物内，难以整体集中体现；加之每一期《环球科学》只有在一个多月的销售时间里才能与读者见面，过后在市面上就难以寻觅，查阅起来也极不方便。为了让更多的人能够长期、持续和系统地读到《环球科学》的精品文章，《环球科学》杂志社和外语教学与研究出版社合作，将《环球科学》刊登的"前沿"栏目的精品文章，按主题分类，汇编成系列丛书，包括《大美生命传奇》《极简量子大观》《极简宇宙新知》《未来地球简史》等，再度奉献给读者，让更多的读者特别是年轻的朋友们有机会系统地领略和欣赏众多科学大师的智慧风采和科学的无穷魅力。

当前，我们国家正处于科技创新发展的关键时期，创新是我们需要大力提倡和弘扬的科学精神。前沿系列丛书的出版发行，与国际科技发展的趋势和广大公众对科学知识普及的需求密切结合；是提高公众的科学文化素养和增强科学判别能力的有力支撑；是实现《环球科学》传播科学知识、弘扬科学精神和传承科学思想这一宗旨的延伸、深化和发扬。编辑出版这套丛书是一种集成再创新的有益尝试，对于提高普通大众特别是青少年的科学文化水平和素养具有很大的推动意义，值得大加赞扬和支持，同时也热切希望广大读者喜爱这套丛书！

前言 科学奇迹的见证者

陈宗周
《环球科学》杂志社社长

1845年8月28日,一张名为《科学美国人》的科普小报在美国纽约诞生了。创刊之时,创办者鲁弗斯·波特就曾豪迈地放言:当其他时政报和大众报被人遗忘时,我们的刊物仍将保持它的优点与价值。

他说对了,当同时或之后创办的大多数美国报刊消失得无影无踪时,170岁的《科学美国人》依然青春常驻、风采迷人。

如今,《科学美国人》早已由最初的科普小报变成了印刷精美、内容丰富的月刊,成为全球科普杂志的标杆。到目前为止,它的作者包括了爱因斯坦、玻尔等160余位诺贝尔奖得主——他们中的大多数是在成为《科学美国人》的作者之后,再摘取了那顶桂冠。它的无数读者,从爱迪生到比尔·盖茨,都在《科学美国人》这里获得知识与灵感。

从创刊到今天的一个多世纪里,《科学美国人》一直是世界前沿科学的记录者,是一个个科学奇迹的见证者。1877年,爱迪生发明了留声机,当他带着那个人类历史上从未有过的机器怪物在纽约宣传时,他的第一站便选择了《科学美国人》编辑部。爱迪生径直走进编辑部,把机器放在一张办公桌上,然后留声机开始说话了:"编辑先生们,你们伏案工作很辛苦,爱迪生先生托我向你们问好!"正在工作的编辑们惊讶得目瞪口呆,手中的笔停在空中,久久不能落下。这一幕,被《科学美国人》记录下来。1877年12月，《科学美国人》刊文，详细介绍了爱迪生的这一伟大发明，留声机从此载入史册。

留声机，不过是《科学美国人》见证的无数科学奇迹和科学发现中的一个例子。

可以简要看看《科学美国人》报道的历史：达尔文发表《物种起源》，《科学美国人》马上跟进，进行了深度报道；莱特兄弟在《科学美国人》编辑的激励下，揭示了他们飞行器的细节，刊物还发表评论并给莱特兄弟颁发银质奖杯，作为对他们飞行距离不断进步的奖励；当"太空时代"开启，《科学美国人》立即浓墨重彩地报道，把人类太空探索的新成果、新思维传播给大众。

今天，科学技术的发展更加迅猛，《科学美国人》的报道因此更加精彩纷呈。无人驾驶汽车、私人航天飞行、光伏发电、干细胞医疗、DNA计算机、家用机器人、"上帝粒子"、量子通信……《科学美国人》始终把读者带领到科学最前沿，一起见证科学奇迹。

《科学美国人》也将追求科学严谨与科学通俗相结合的传统保持至今并与时俱进。于是，在今天的互联网时代，《科学美国人》及其网站当之无愧地成为报道世界前沿科学、普及科学知识的最权威科普媒体。

科学是无国界的,《科学美国人》也很快传向了全世界。今天,包括中文版在内,《科学美国人》在全球用15种语言出版国际版本。

《科学美国人》在中国的故事同样传奇。这本科普杂志与中国结缘,是杨振宁先生牵线,并得到了党和国家领导人的热心支持。1972年7月1日,在周恩来总理于人民大会堂新疆厅举行的宴请中,杨先生向周总理提出了建议:中国要加强科普工作,《科学美国人》这样的优秀科普刊物,值得引进和翻译。由于中国当时正处于"文革"时期,杨先生的建议6年后才得到落实。1978年,在"全国科学大会"召开前夕,《科学美国人》杂志中文版开始试刊。1979年,《科学美国人》中文版正式出版。《科学美国人》引入中国,还得到了时任副总理的邓小平以及时任国家科委主任的方毅(后担任副总理)的支持。一本科普刊物在中国受到如此高度的关注,体现了国家对科普工作的重视,同时,也反映出刊物本身的科学魅力。

如今,《科学美国人》在中国的传奇故事仍在续写。作为《科学美国人》在中国的版权合作方,《环球科学》杂志在新时期下,充分利用互联网时代全新的通信、翻译与编辑手段,让《科学美国人》的中文内容更贴近今天读者的需求,更广泛地接触到普通大众,迅速成为了中国影响力最大的科普期刊之一。

《科学美国人》的特色与风格十分鲜明。它刊出的文章，大多由工作在科学最前沿的科学家撰写，他们在写作过程中会与具有科学敏感性和科普传播经验的科学编辑进行反复讨论。科学家与科学编辑之间充分交流，有时还有科学作家与科学记者加入写作团队，这样的科普创作过程，保证了文章能够真实、准确地报道科学前沿，同时也让读者大众阅读时兴趣盎然，激发起他们对科学的关注与热爱。这种追求科学前沿性、严谨性与科学通俗性、普及性相结合的办刊特色，使《科学美国人》在科学家和大众中都赢得了巨大声誉。

《科学美国人》的风格也很引人注目。以英文版语言风格为例，所刊文章语言规范、严谨，但又生动、活泼，甚至不乏幽默，并且反映了当代英语的发展与变化。由于《科学美国人》反映了最新的科学知识，又反映了规范、新鲜的英语，因而它的内容常常被美国针对外国留学生的英语水平考试选作试题，近年有时也出现在中国全国性的英语考试试题中。

《环球科学》创刊后，很注意保持《科学美国人》的特色与风格，并根据中国读者的需求有所创新，同样受到了广泛欢迎，有些内容还被选入国家考试的试题。

为了让更多中国读者了解世界科学的最新进展与成就、开阔科学视野、提升科学素养与创新能力，《环球科学》杂志社和外语教学与研究出版社展开合作，编辑出版能反映科学前沿动态和最新科学思维、科学方法与科学理念的"《科学美国人》精选系列"丛书。

丛书内容精选自近年《环球科学》刊载的文章，按主题划分，结集出版。这些主题汇总起来，构成了今天世界科学的全貌。

丛书的特色与风格也正如《环球科学》和《科学美国人》一样，中国读者不仅能从中了解科学前沿和最新的科学理念，还能受到科学大师的思想启迪与精神感染，并了解世界最顶尖的科学记者与撰稿人如何报道科学进展与事件。

在我们努力建设创新型国家的今天，编辑出版"《科学美国人》精选系列"丛书，无疑具有很重要的意义。展望未来，我们希望，在《环球科学》以及这些丛书的读者中，能出现像爱因斯坦那样的科学家、爱迪生那样的发明家、比尔·盖茨那样的科技企业家。我们相信，我们的读者会创造出无数的科学奇迹。

未来中国，一切皆有可能。

目录 | CONTENTS

话题一
统计数据的陷阱

2　为什么你不如朋友受欢迎?
5　排名机制背后的数学机密
8　篮球运动员的"迷信"
10　不要幻想一夜暴富
13　疾病检查骗了我们?
16　调查结果不可盲从
18　统计学怪圈
21　小数致大错

话题二
即学即用的生活智慧

24　从电脑散热中窃取数据
27　推特会泄露用户经济状况
29　消除GPS盲区
31　为什么有的番茄更美味?
33　爆米花中的物理知识
35　咖啡为什么会洒出杯子?
37　咖啡机里的数学难题
39　冰箱的噪声从哪儿来?
41　跳高和物理学

IX

话题三
一半是魔法，一半是光学

- 44 "隐身斗篷"即将问世
- 46 简易型"隐身斗篷"
- 49 创造"时间裂隙"
- 52 不反光的表面涂层
- 54 手机屏幕将不再反光
- 56 "光学镊子"夹起纳米颗粒
- 58 能聚光的平面透镜
- 60 硬币上的显微镜
- 62 升级X射线扫描仪

话题四
不可尽知的粒子世界

- 66 质子究竟有多小
- 69 质量在改变
- 71 并非中性的中子
- 72 物质——反物质分子
- 74 超光速中微子
- 78 虚无缥缈找粒子
- 82 "惰性"中微子搜寻无果
- 84 量子排斥力
- 86 量子擦边球
- 91 量子麦克风

话题五
鬼魅似的远距作用

- 94 超长距离量子纠缠
- 95 相互纠缠的原子云
- 96 维持量子纠缠的旁门左道
- 100 钻石的量子纠缠
- 102 用量子帮你送口信
- 104 离子的天赋
- 107 量子照明提升成像精度

话题六
该死的粒子，你到底在哪里

- 112 寻找希格斯粒子
- 117 碰撞粒子一网打尽
- 120 成群结队的粒子
- 123 希格斯玻色子的意义
- 126 超对称理论"穷途末路"？
- 131 超对称理论有望被证实
- 134 发现五夸克粒子
- 136 未观测到强相互作用中宇称不守恒

XI

话题七
于细微处见神奇的纳米技术

- 140 细菌的致命陷阱
- 141 用阳光制造氢气
- 144 更听话的纳米"积木"
- 148 宝石上的纳米管
- 152 纳米晶体改造电脑
- 155 细胞受体磁控制
- 157 纳米颗粒让过敏注射疗法更安全
- 159 用纳米颗粒模仿黑色素
- 161 纳米纱窗可过滤90%的有害颗粒物

话题八
人工"智"造的新传奇

- 164 AI时代,中国将弯道超车?
- 167 寒武纪:打造人工智能芯片
- 170 规范无人机飞行空域
- 173 无人驾驶汽车:谁为交通事故负责?
- 177 深海取样机器人
- 179 机器人帮脑瘫婴儿学习爬行
- 181 会跳高的机器人
- 183 更懂老人的陪护机器人

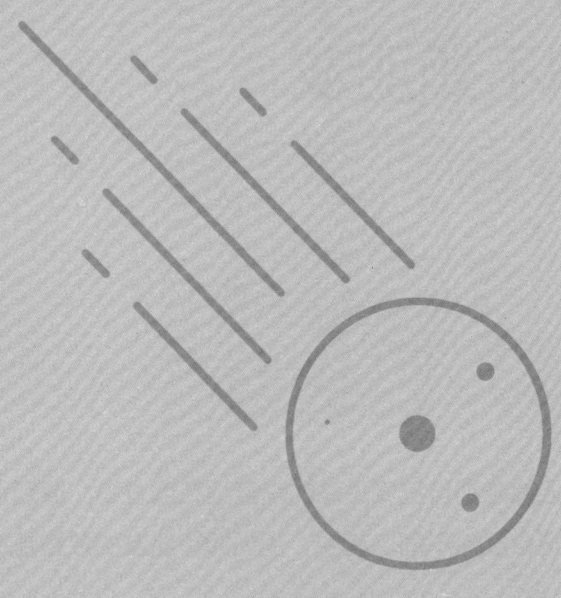

话题一
统计数据的陷阱

　　谁都不能否认统计是科学，而且是一门很高深的科学，但为什么有时候统计学结果会与公众的感觉有出入呢？这里面有个人感觉与平均效应存在偏差的问题，也有统计数据本身的问题。美国统计专家达莱尔·哈夫（Darrell Huff）曾经写过一本传世之作《统计数字会撒谎》（How to Lie with Statistics），该书引发的"编造虚假信息"话题受到美国社会持续普遍的关注。

为什么你不如朋友受欢迎？

撰文 | 约翰·阿伦·保罗斯（John Allen Paulos）
翻译 | 王栋

在社交网站上，大多数人都感到自己受关注的程度没有朋友高。原因很简单——平均效应与个人的感觉会截然不同。其中，我们拥有朋友的数量是一个典型的例子。

你的朋友比你本人更受欢迎吗？虽然看起来，并没有什么理由证实这是真的，但很可能确实如此。我们更容易跟一个拥有很多朋友的人成为朋友，这并不是因为我们在刻意躲避朋友很少的人，而是因为我们跟一个受欢迎的人做朋友的可能性更高，原因很简单——这样的人拥有的朋友数量也多。

这个简单的道理不仅体现在真实的交友过程之中，还体现在社交媒体之上。在推特社交网站上，它就导致了所谓的"关注者悖论"：大多数人被关注的数量比他们关注的人被关注的数量要少。在你急于变得更受欢迎之前，要记住：大多数人其实跟你一样，关注他们的人寥寥无几。

在许多情况下，平均效应与个人感受会截然不同，我们拥有朋友

的数量只是其中一个典型的例子，另一个例子是课堂上的人数。

不妨设想，某所大学里的一个小院系在某个学期开了三门课：一门是基础概论课，有80名学生；一门是高等专业课，有15名学生；还有一门研究讨论课，只有5名学生。请问：每门课的平均人数是多少？显然，应该是（80＋15＋5）/3，也就是33.3名学生。这个数字就是院系计算的平均课堂人数。

现在再来算一遍，这次我们从一个普通学生的角度来看待问题。在100名学生中，有80个人会发现，他们的课堂上有80名学生，有15个人会发现，课堂上有15名学生，只有5个人发现，课堂上只有5名学生。因此，在学生眼里，课堂的平均人数是（80×80＋15×15＋5×5）/100，也就是66.5名学生。不过，

悖论

指在逻辑上可以同时推导出两个互相矛盾的命题的命题或理论体系。悖论的出现往往是因为人们对某些概念的理解不够深刻，其成因极为复杂，对它们的深入研究有助于数学、语义学等理论学科的发展，因此具有重要意义。悖论主要有逻辑悖论、概率悖论、几何悖论、统计悖论和时间悖论等。

话题一 | 统计数据的陷阱

这个数字不太可能被系里采用。

当然,这种论证方法在很多情况下都能被采纳。看看人口密度问题,地球表面单位面积上的平均人口数量其实不多,然而,从人的平均眼光来看,人口密度要高得多,因为大多数人居住在城市里。因此,我们能够得出这样的结论:虽然生活在远比平均人口密度更高的环境里,我们中的大多数人的受欢迎程度却达不到平均水平。

排名机制背后的
数学机密

撰文 | 埃米·朗格维尔（Amy N. Langville）
　　　卡尔·迈耶（Carl D. Meyer）
翻译 | 郭凯声

在日常生活中，我们往往需要排名帮助我们做出选择，如在考虑送子女到哪里读大学时会参考大学的排名。但其实任何排名和评分机制都有数学缺陷，不可不信，也不可全信。

日常生活中，需要我们做出决定的许多场合（如购物、上网、看电影，乃至送子女去读大学等），往往都会涉及评分和排名的问题。但你可曾想过，是什么人给出这些评分呢？评分是只反映了主观看法，还是另有什么因素在悄悄起作用呢？

假设现在你是马克·扎克伯格（Mark Zuckerberg），在他的Facemash网站（Facebook网站的前身）上给哈佛大学的女生评分、排名。最简单的办

话题一 | 统计数据的陷阱

法自然是让大家为自己心仪的女生投票,而某位女生的得分就是她所获得的票数。

但投票的效果并不好,因为不同的人投的票,效力可能不一样。例如,那些不学无术的人投的票,在效力上通常就不如知识渊博的人投的票。拿Facemash来说,投票者的性别可能起相当重要的作用。

但给投票者规定某种权重往往是不可行的,特别是在投票者身份不明的情况下。因此,你不妨试试美国大学橄榄球冠军联赛为各个大学橄榄球队评分所使用的方法。如果把这种方法用在评选前10名的女生上,就应该这样操作:投票者为最心仪的女生打10分,为次心仪的女生打9分,依此类推。每位女生所获得的分数加起来,就是她的最后得分。

不过,大多数橄榄球迷希望,球队排名应该根据实际比赛的成绩来进行。事实上,由于来自球迷的强大压力,美国大学橄榄球赛的组织者在2012年4月宣布,他们正在考虑在2014赛季实行附加赛。扎克伯格出于直觉,敏锐地意识到一对一的比拼是更好的评分办法。他采取的方法是,直接把两名女生的照片放在一起,然后问:"哪个更漂亮?"这样,打分就很容易了。每次比拼,赢方得1分,输方得0分(如不分胜负,则双方各得0.5分)。

但是,如何把这种一对一比拼的分数转化为评分呢?酷爱国际象棋的美国物理学家阿帕德·埃洛(Arpad Elo)推理说,一种比较合理的办法是,随着比赛的进行,为每位选手确定一个平均成绩,这个成绩就是选手的初始评分。一旦评分,此后就只能根据选手的成绩高于或低于平均成绩的幅度,对评分进行相应的调整。后来,人们对埃洛的构想稍微做了一些改进——平均成绩由另一个相对性指标来代替,这个指标反映的是一位选手在与另一位选手对阵时的预期成绩。它所依据的逻辑是，两个选手在对阵之前，其评分上的差距应该让人想到，当他们真实较量时可能会出现什么结果。

除了足球和橄榄球以外，这个巧妙的评分方法也在游戏世界中获得了广泛应用。不过，在把它应用于各种场合时，人们根据比赛的具体情况做了一些改动。我们仍然不能说，这就是最好的评分和排名方式，因为最好的方式其实是不存在的。早在1951年，美国数理经济学家肯尼思·阿罗（Kenneth Arrow）就已经证明，不可能存在一种能满足若干公平准则的最优排名机制。因此，争议仍会持续下去，这使评级与排名机构不停地根据各自的特殊需求，去调整并量身打造评分与排名机制。

篮球运动员的"迷信"

撰文 | 约翰·马特森（John Matson）
翻译 | 红猪

统计学规律告诉我们：篮球运动员在投中三分球后再次命中的概率，比第一次失手后再次命中的概率低。但篮球运动员往往倾向于在第一次投中后马上试第二次，因为此时自己的手感正佳。

在NBA（美国全国篮球协会）赛场上，雷吉·米勒（Reggie Miller）、迈克尔·乔丹（Michael Jordan）、科比·布莱恩特（Kobe Bryant）都曾有过投篮连续命中的难忘瞬间。但过去的研究表明，所谓"手感好"只是一种"迷信"，究其原因，是我们有一种在没有规律的地方"看见"规律的倾向。

无论是否迷信，当统计数字显示篮球运动员的投篮命中率不高时，他们有时仍会认为自己的手感正佳。最近的一项研究显示，职业篮球运动员在比赛中过于看重上一个三分球的结果。一旦投中，他们再次投掷三分球的意愿就会大大提高。这项刊登在《自然·通讯》（Nature Communications）杂志上的研究分析了数百场NBA和WNBA（美国国家女子篮球协会）比赛的统计数字。

湖人队的科比在2007~2008赛季的表现就是一个很好的例子。科比曾在那个赛季赢得"最有价值球员"的称号，每次投中三分球后，他在三分线外再次投球的次数几乎是投偏后再次投球次数的四倍。不过，指望连中三分是一条错误的策略。数据显示，球员在投中一次后再次命中的概率其实比失手后再次投篮的命中率要低。这再次证明，"手感好"可能只是球员的"迷信"。

9

不要幻想一夜暴富

撰文 | 戴夫·莫舍（Dave Mosher）
翻译 | 王栋

英国的一项统计数据表明，每个抢银行的劫匪平均能分得19,900美元赃款，大约相当于一位咖啡店员工一年的薪水。但抢银行可是一份高风险的"工作"，差不多33%的银行劫匪会空手而归，还有20%的劫匪最终被捕。

最近一项对银行保密数据的统计分析显示：对于银行劫匪，一夜暴富差不多是在做梦，身陷囹圄才更有可能发生。

"坦白地说，抢银行的平均回报真的很'垃圾'。"这是2012年6月，在《显著性》(Significance)（美国统计学会和英国皇家统计学会联合出版的双月发行统计学期刊）上刊载的一篇关于英国银行劫案的经济学研究文章所得出的结论。为了进行这项研究，英国萨里大学的经济学家尼尔·里克曼（Neil Rickman）和罗伯特·威特（Robert Witt），与英国萨塞克斯大学的经济学家巴里·赖利（Barry Reilly）一起，同英国银行家联合会谈判了数月，才得到其详细记录的2005~2008年发生的364起银行劫案的保密数据。与之相反，在美国，这样的详细数据记录压根就不可能存在，因为即便银行进行了记录，它们也会被埋没在美国联邦调查局关于银行劫案的匿名季度报告里。

统计研究显示，平均而言，每一起英国银行劫案的案犯人数为1.6人，赃款为31,900美元。假设案犯之间均匀分赃，平均每个人每次抢劫能分得约19,900美元赃款——大约相当于一位咖啡店员工一年的薪水。

如果是持枪抢劫的话，则能将每一起抢劫得到的赃款增加16,100美元，虽然通常这也需要更多的同伙来参与。然而，单枪匹马地去抢能获得更高的平均赃款，因为增加一个同伙而多劫的钱不足以抵消多一个人分赃带来的损失。

话题一 | 统计数据的陷阱

里克曼评论道，虽然数目看起来并不小，但抢银行可是一份高风险的"工作"。在英国，差不多33%的银行劫案都以劫匪空手而归落幕，还有20%最终被捕。试图抢劫的次数越多，被捕的风险就越大。例如，如果一个劫匪已经是第4次抢银行了，那么其被捕的概率就会增加到59%。因此，千万不要幻想着抢银行能发家致富。

意大利都灵大学卡洛·阿尔贝托学院的经济学家乔瓦尼·马特罗波尼（Giovanni Matrobuoni）认为，该论文没有考虑到专业劫匪。而根据推测，专业劫匪应该收获了2005~2008年英国银行被劫所损失的1,160万美元中的大部分。例如，这篇论文提出，一些银行中安装的速升防弹屏将抢劫成功率降低了1/3。"但我却认为，只有笨贼才会选那些装备有速升防弹屏的银行，专业劫匪都会在实施抢劫前仔细踩点的。"马特罗波尼说。对此，里克曼回应道，关于专业劫匪的记录信息更难获得，因为那需要获得警方和银行的机密记录。

疾病检查骗了我们？

撰文 | 约翰·阿伦·保罗斯（John Allen Paulos）
翻译 | 郭凯声

> 疾病检测结果并不像我们想象的那样可信。假设某种癌症的发病率为0.4%，那么，即使一种检测手段只有1%的可能性得到假阳性结果，也会使真正的阳性结果只占检测出的阳性结果的28.6%。

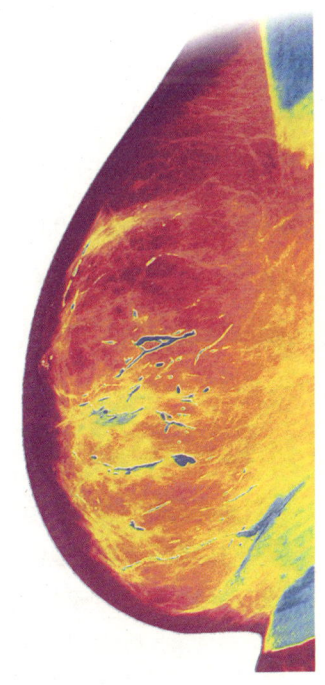

似乎每隔几个月，就会有一项研究爆出猛料：又有一种广泛使用的癌症普查手段其实并无多大的作用。2009年，美国预防医学工作组指出，许多妇女拍乳房X光片的时间比专家建议的时间晚，检查频率也比专家建议的要低，因为每年拍片检查一次似乎没有带来什么好处。不久前，该工作组还针对检查前列腺癌的前列腺特异性抗原化验术，抛出了更为尖锐的说法：这种检查的效果是让许多人受罪而非挽回他们的生命。

最近，美国达特茅斯卫生政策与临床实践研究所的研究人员宣称，通过拍乳房X光片（美国每年有将近4,000万人接受此项检查）查出一个癌症病例，并不意味着就能挽回一条人命。

话题一 | 统计数据的陷阱

研究人员发现，这项检查每年大概会检查出138,000个乳腺癌病例，但其中120,000～134,000个病例并未得到改善。这些病例要么发展得很慢，健康不会受到太大的影响；要么就是病情太严重，已无力回天。拍胸部X光片检查肺癌，以及检查宫颈癌的巴氏实验也受到了类似的抨击。

当然，对于单个病例而言，最好的检查和治疗方法可能是不一样的，但在所有检查方法的背后，其实都隐藏着一种"数学把戏"。这种把戏是什么，虽然很多数学家已经耳熟能详，但仍值得重述一次：人们在搜寻相对罕见的东西时（不仅仅是癌症，甚至还有恐怖分子），假阳性结果极其常见——要么是查出来的致命癌症根本不存在，要么是你患的病并不至于要你的命。

现在，我们既不去考查上面提到的各种癌症的发病率数据，也不考虑所提到的每一种检查方法的敏感度和特异性，而是来看一种名叫X的假想癌症。假设在某一时间，X在某一特定人群中的发生率为0.4%（五百分之二）。一方面，我们假设，如果你患上这种癌症，那么检查结果有99.5%的概率为阳性；另一方面，我们假定，如果你未患此癌症，那么你在检查时被查出阳性结果的概率为1%。将这些数字代入概率论的重要成果——贝叶斯公式中，我们可以获得一些深刻的认识，但直接做点儿简单的算术来阐释它，则更为生动有趣。

假定有100万人接受了针对这种癌症的检查，由于此癌症的患病率为0.4%，因而约有$1,000,000 \times 0.4\% = 4,000$个人患有此病。根据假设，这4,000个人中将有99.5%的人得到阳性检查结果，也就是说，会出现$4,000 \times 0.995 = 3,980$起阳性结果，而其余$1,000,000 - 4,000 = 996,000$个人将是健康的。但又根据假

> **贝叶斯公式**
>
> 也称贝叶斯定理，由英国数学家托马斯·贝叶斯（Thomas Bayes）提出，是概率统计中用观察到的现象对先验概率进行修正的标准方法。例如，在本文的例子中，99.5%和1%就是观察到的现象的概率，0.4%为先验概率，把这些数据代入公式，就可以得到某人检查结果呈阳性时确实患病的概率。

设，在这996,000位健康人中，会有1%的人得到阳性检查结果，也就是说，将会出现996,000 × 0.01 = 9,960起假阳性结果。因此，在总共3,980 + 9,960 = 13,940起阳性检查结果中，真正的阳性结果仅占3,980/13,940，即28.6%。

如果那9,960位健康人士因此而接受了相当伤身的治疗，如开刀、化疗、放疗之类，那么这些检查造成的最终效果就可能完全是负面的。

对于不同的癌症及检查方法，相应的数据也不同，但在心理学与数学之间朦胧不清的灰色地带中，总会出现这样一类需要权衡利弊的问题。一次检查救了一条命，这种事情即使不多见，其产生的心理效果也远比此项检查常常会带来众多相当严重、却比较隐蔽的有害影响强烈得多。

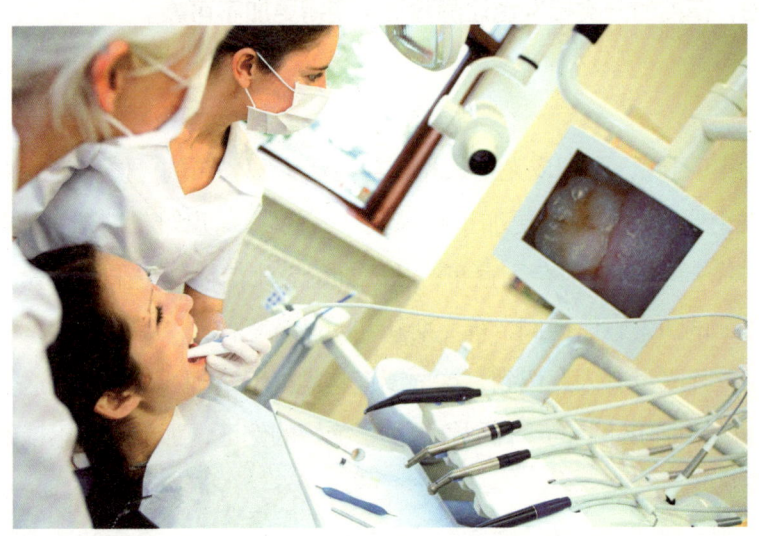

15

调查结果
不可盲从

撰文 | 查尔斯·塞费（Charles Seife）
翻译 | 王栋

> 一份调查结果显示，无信仰人士似乎比信徒们更加了解宗教。这项调查其实很不精确，因为不但在调查中"无神论者／不可知论者"样本数不足以给出可靠数据，模糊的分类标准也让测验结果变得更加不可靠。

2010年9月底，美国皮尤宗教和公共生活论坛公布的一份调查结果显示，无信仰人士似乎比信徒们更加了解宗教。一些媒体便大肆宣扬这一结果。例如，《时代》（*Times*）杂志宣布："无神论者比信徒们更了解宗教。"其他一些媒体则试图安慰信徒们，福克斯新闻网站就坚称："宗教测验，我们没有不及格。"几乎没有人意识到，这项调查其实很不精确。事实上，这个事件为被我称为"错误估计"的一种现象提供了绝好的例证，那就是对不精确的数据太过较真。

乍一看，这项测验及其结果似乎没有什么问题：在一个由32道问题构成的宗教知识小测验中，将自己归入"无神论者／不可知论者"一组的人平均答对了20.9道问题，比其他任何一组的正确率都高，也高于整体的平均正确率（答对16.0道）。但是，由于"无神论者／不可知论者"在皮尤论坛上进行的这项测验中只占了很少一部分（全部3,412位参加测验者中仅有212位），20.9道问题的正确率掩盖了背后的高度不精确性——少量样本无法给出可靠数据。如果采用标准制图技术来表示测验结果，并在图中标出不确定性的话（下页图），就会发现"无神论者／不可知论者"跟"犹太教徒""摩门教徒"的测验结果

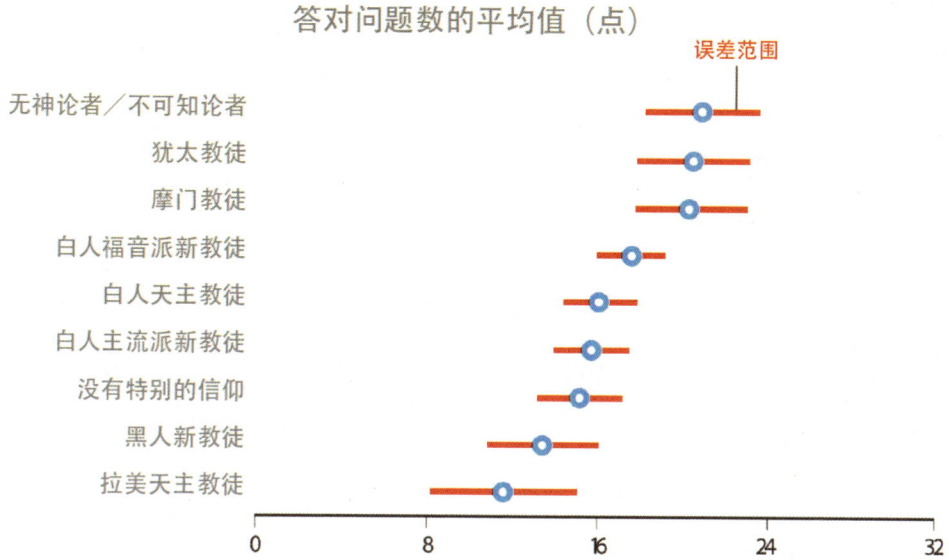

之间的差距消失了。

皮尤论坛还留了"没有特别的信仰"这一选项供受试者对号入座，这让测验结果变得更加不可靠。许多把自己归入"没有特别的信仰"一组的人都曾经明确表示他们不信神。有趣的是，这一组人在宗教知识测验中的得分要比典型的美国人低。如果把他们也归入"无神论者/不可知论者"，那么这一组人的平均得分就会比"白人福音派新教徒"的得分还要低一些。

皮尤论坛采取了更严谨的分析——根据受试者的教育及收入背景（遗憾的是，这些数据在报告中很不明显）对结果进行修正。修正后，信徒和无信仰人士之间就没有明显区别了。那些声称不信神的人的平均得分比全国平均得分仅仅高了0.3分，考虑到如此大的误差范围，这点儿分差没有任何意义。

在没有认真核实数据的情况下，新闻媒体就急不可待地将无神论者和有神论者的争执放在了新闻头条。皮尤论坛的这项调查，与其说反映了我们对神的信仰度，还不如说真正揭示了我们对调查结果的信任度——结果显示，在绝大多数时候，我们对调查结果都只是盲目地相信。

统计学
怪圈

撰文 | 约翰·阿伦·保罗斯（John Allen Paulos）
翻译 | 郭凯声

你相信吗，有些时候对统计分析进行轻微调整，能让完全相同的数据得出截然相反的结论？对于一些弱相关的量，只要巧妙设定分类的定义，就能造出你希望的结果。

不久前，美国犹他大学的研究人员进行了一项调查，他们发现，食客在餐厅里吃东西的多少与餐盘的大小有关。我没有见到这项调查的细节，不过，它倒是让我想起，只需稍稍改变一下定义，人们便可以根据相同的数据得出截然相反的结论。

如果这些互相矛盾的结果是预先做了手脚的个别现象，那倒也罢了，但情况并非如此。我们在处理弱相关的量时，常常会巧妙地设定我们所使用的类别的大小。在近来对暴力犯罪所做的调查中，就可以看到这种手法，其目的是想证明，若干个类别的犯罪正朝着期望的方向变化。本文中，我也打算通过一个

弱相关

相关是以量化形式对客观世界中事物之间普遍联系的反映，两个变量之间的变化关系表现在变化方向和密切程度两方面。弱相关，又称低度相关，即当一列变量变化时，与之相对应的另一列变量增大（或减少）的可能性较小，也即两列变量之间虽然有一定的联系，但联系的紧密程度较低。

类似的例子来阐明问题的关键所在。

　　这里，我们只用关于餐厅的调查作为启示，看看稍微改变一下定义为何会起到如此大的作用。假定饭店里有10位食客，而我们要考虑的是，餐盘的大小会对食客吃多少东西有影响。3位食客面前摆的是人们眼中的小餐盘（如直径小于20厘米），他们分别吃了250克、310克和280克的东西，平均吃了280克。现在又假定，4位食客面前摆的是中等大小的盘子（如直径为20～28厘米），而他们分别吃了500克、200克、400克和100克的东西，平均吃了300克。

　　最后我们假定，剩下的3位食客用的是大盘子（如直径大于28厘米），他们分别吃了370克、310克和340克的东西，平均吃了340克。

　　看出规律了吧？当盘子的尺寸由小增至中再增至大时，食客的平均食量由280克增至300克再增至340克。嗯，这个结果挺不错的！

话题一 | 统计数据的陷阱

且慢高兴。如果我们把中等大小盘子的定义稍稍改一下，规定直径21～27厘米为中等，且小盘子与大盘子的定义也做相应改动，那结果又将如何呢？如果重新定义之后，导致2位食客分类错位，那又会怎样呢？吃了500克东西的那位食客其实用的是小盘（如直径为20.5厘米），而只吃了100克东西的那位食客其实用的是大盘（如直径为27.5厘米）。

现在，根据这一假设再来计算一次。4位（而非3位）食客用的是小盘子，分别吃了250克、310克、280克和500克的东西，平均吃了335克。2位（而非4位）食客用的是中等大小的盘子，分别吃了200克与400克，平均吃了300克。4位（而非3位）食客用的是大盘子，分别吃了100克、370克、310克与340克的东西，平均吃了280克。

又看出规律了吗？随着盘子的尺寸由小增至中再增至大，食客的平均食量由335克减至300克再减至280克。啊哈！这也是一个很妙的结果！

而且，在这里，样本过小并非关键问题。其实，对于大量的数据点，这种手法玩起来恐怕会更加得心应手，因为对类别做手脚的机会更多。

小数致
大错

撰文 | 安德鲁·格尔曼（Andrew Gelman）
翻译 | 郭凯声

> 统计学家在估计小规模人数时很容易出错，因为被错误分类的比例可能很高。

随着美国军方开始着手审查所谓"不问，不说"政策（即军方不可询问军人的性取向，军人也不能向军方透露自己的性取向），人们自然会想：有多少军人受到这项政策的影响？为了回答这个问题，五角大楼于2010年夏天对军队进行了调查，询问军人们在服役期间或以前在服役时是否遇到过他们认为是同性恋者的战友。此调查存在一个明显的问题——它所依据的完全是推测。撇开这一点不说，这项调查还提出了一个常见的统计学问题，即群体大小的不对称性。由于军人中绝大多数是异性恋者，因此，异性恋军人被误当作同性恋者的情况，将比同性恋军人被当作异性恋者的情况多得多。

这是问卷调查中普遍存在的一个问题。哈佛大学研究人员戴维·海明威（David Hemenway）证明，某些广为人知的调查把美国人用于自卫的枪支数量高估了10倍之多。即使所有受访者中错误回答问题的人只占1%，这个错误率与持枪用于自卫者在总人口中所占的比例（据一些靠谱的调查披露，此比例约为0.1%）相比也够大的了。换言之，被错误分类的比例远远超过了真实的群体大小。要想避开这个问题，更明智的做法是，相信对犯罪受害者的调查结果，因为这类调查把使用枪支的问题限制在一个规模更小的群体上。

对于我们开头提出的那个问题，要调查军人中同性恋者所占的比例，一个

 话题一 | 统计数据的陷阱

还算不错（但仍不完美）的解决办法就是，把下面两项估计综合起来：一是估计同性恋者在总人口中所占的比例（从全国性调查中得出这一估计值易如反掌）；二是估计同性未婚伴侣中曾在军队中服役者所占的比例（用概率表示）。从总人口类推到军人，并把分析限制在同性未婚伴侣这个小圈子里，从而缩小了可能被误判为同性恋者的群体。加利福尼亚大学洛杉矶分校的加里·盖茨（Gary J. Gates）用这种方法估算出美军中1.5%的男性和6.2%的女性是同性恋者或双性恋者。

话题二
即学即用的生活智慧

一提起科学发现,大家会觉得这似乎和我们的生活有很大的距离。其实,只要用心,生活中处处都能发现耐人寻味的科学道理。你知道当端着咖啡杯行走的时候,为什么有时候咖啡会洒出来,有时候不会吗?为什么大多数跳高运动员喜欢采用背越式姿势?为什么……

从电脑散热中
窃取数据

撰文 | 杰西·埃姆斯帕克（Jesse Emspak）
翻译 | 李玲玲

研究人员发现一种新型电脑攻击方式：利用电脑散热盗取未联网计算机上的数据。当然，阻止这种攻击的方法也非常简单，使你的计算机远离任何联网机。

世界上最安全的计算机无法使用谷歌搜索，因为它们未与互联网及其他所有网络相连接。美国军方和美国国家安全局（NSA）依靠这种被称作"隔离网闸"（一种通过专用硬件使两个或者两个以上网络在不连通的情况下，实现安全传输数据和资源共享的技术）的方法来预防黑客袭击，新闻调查网站The Intercept也是如此。这个网站的创办人之一格伦·格林沃尔德（Glenn Greenwald）在披露美国国家安全局的大规模国内监听活动上起了不小的作用。

不过最近，以色列本-古里安大学的一个博士生团

制图：托马斯·富克斯（Thomas Fuchs）

队宣布，他们能从隔离网闸式计算机上获取信息，方法是读取计算机处理器散发的热量中所包含的信息，这种热量信息就好像烟雾信号。

所有计算机都有内置热传感器，其作用是探测处理器产生的热量，并启动风扇，以防过高温度损伤元器件。

为了在办公环境下成功窃取数据，黑客会用恶意软件感染两台相邻的台式机，其中一台通过隔离网闸保护，另一台则是联网的。恶意软件控制这两台机器后，可以让它们解码隐藏在传感器数据里的信息。携带恶意软件的病毒很容易感染联网的计算机，而要感染一台隔离网闸式计算机，就需要通过U盘或其他硬件途径，这在安全措施十分严密的场所很难实现。

如果黑客要在隔离网闸式计算机上寻找一个密码，恶意软件会命令这台计算机的CPU以特定活动模式运行，从而泄露组成密码的字符。CPU在运行时，每一系列活动都会产生一股暖空气吹到旁边的联网机上，然后联网机的热传感器就会记录下一个比特的信息。随着时间的流逝，看！一组代表密码的二进制数据出来了。接下来，联网机就能将信息发送给黑客。计算机科学家将黑客的这种攻击方式称为"比特私语"。

被感染的计算机每小时最多只能传送8比特数据，而且与联网机相距不能超过16英寸（约为0.4米）。这速度听起来慢得要死。不过，这篇研究报告的作者之一伊斯罗尔·米尔斯基（Yisroel Mirsky）认为，这个速度足以获取你需要的信息了。该报告于2015年7月在意大利举行的IEEE计算机安全基础研讨会上公布。米尔斯基指出，仅需5比特数据就足以组成一条简单信息（譬如一条从联网机发送到非联网机的指令），可以启动一个破坏数据的算法。

"比特私语"也许看起来过于煞费苦心——毕竟，如果我们能通过USB把恶意软件装到计算机上的话，何必要费心用热通道的办法呢？但米尔斯基强调，借助这种方法，黑客无需坐在一台隔离网闸式计算机前就可以轻松控制它。而且，英国剑桥大学研究非常规信息传输的阿尼尔·摩陀伐佩迪（Anil Madhavapeddy，未参与此项研究）说，因为计算机变热不会被人注意，所以黑客能避人耳目。"通常，当计算机运行越来越快，所存储的数据越来越有价

话题二 | 即学即用的生活智慧 |

值时，"摩陀伐佩迪解释道，"哪怕极低速的隐蔽通道对攻击者都是有用的，因为他们什么都不用做，只要等着机器运行数小时甚至数天来泄露重要信息就行，而且不会被人发现。"

当然，阻止这种攻击的方法也非常简单：使隔离网闸式计算机远离任何联网机，或者在机器之间插入隔离板。既然在现实世界中"比特私语"需要各种条件配合才能作案，那么抓到一个泄密者应该没那么难。

推特会泄露
用户经济状况

撰文 | 雷切尔·努维尔（Rachel Nuwer）
翻译 | 李玲玲

> 一项针对超过1,000万条推特消息的分析表明，用户会在不知不觉中暴露自己的社会经济地位，这是机器学习模型带给现代人的挑战之一。

　　和性一样，金钱也是大多数人避免在公众场合谈论的话题。但我们却经常留下会暴露我们经济地位的数字痕迹——即使是在字符数限制在140以内的推特消息中。

　　一项针对5,000多位推特用户发表的大约1,080万条推文的分析显示，这些简练的信息足以揭示用户所处的收入阶层。美国宾夕法尼亚大学研究自然语言处理的博士后研究员丹尼尔·普雷奥蒂乌克-彼得罗（Daniel Preoţiuc-Pietro）和同事，根据用户自定义的职业，将90%的上述样本归类到相应的收入组里。

　　接着，他们用一个能从数据中学习并能基于数据进行预测的机器学习模型识别出每个收入组的独有特征。然后，他们用这个机智的模型对剩下的10%的样本进行测试，结果，模型成功预测出了这部分用户的经济状况。

27

话题二 | 即学即用的生活智慧 |

正如研究人员2015年秋天在《公共科学图书馆·综合》(*PLOS ONE*)杂志上所描述的,高收入者倾向于谈论商业、政治和非营利工作。低收入者的话题大多局限在个人方面,比如美容秘诀和个人经历。普雷奥蒂乌克-彼得罗说:"高收入者将推特作为传播信息的工具,而低收入者更多地将其用于社交。"这项分析还揭示,挣钱越多的人更易表露出恐惧或愤怒。

在之前的机器学习研究中,普雷奥蒂乌克-彼得罗和同事已经预测出了推特用户的性别、年龄和政治倾向。他们甚至能发现用户患上产后抑郁和创伤后应激障碍的一些迹象。

接下来,研究团队还将继续优化模型,不过,普雷奥蒂乌克-彼得罗说:"机器学习的威力归根结底源于获得的数据,人们应该注意自己是否在不经意中透露了私人信息。"

消除GPS盲区

撰文 | 科琳娜·约齐欧（Corinne Iozzio）
翻译 | 张哲

> 经常使用GPS（全球定位系统）的人都知道，这个系统存在盲区。最近澳大利亚Locata公司研发了一种地面系统，产生的信号能与GPS网络无缝融合，从而解决了盲区问题。

如果你置身于商场、机场或者城市的摩天大楼间，并试图搞清楚自己的位置，那么一定经历过GPS盲区。事实上，这个全球定位网络中到处都有盲区：建筑物、信号屏蔽器甚至地形本身都会阻断GPS卫星与接收器（可以是智能手机或其他电子设备）之间的信号通道。苹果公司的iBeacon和其他技术曾试图使用一些传感器，通过Wi-Fi或蓝牙来确定室内位置，以填补这些盲区。

不过澳大利亚Locata公司率先研发了一种地面系统，产生的信号能与GPS网络无缝融合，而且定位精确到令人难以置信的程度。

为了确定位置，传统的GPS需要测定信号从位于中地球轨道上的中继卫星到达接收器的时间。3个来自不同卫星的读数可以通过三角定位来确定一个二维（经度和纬度）的距离；如果有第4个信号就能确定在三维空间的位置（加上海拔高度）。每颗卫星都携带了4个原子钟，每天依据位于美国科罗拉多斯普林斯市的母钟校对2次。因此盲区问题很容易出现——一旦用户离开卫星视线，就收不到信号了。

Locata公司的系统通过安置一个可在地面传输信号的、独立的收发器网络，解决了GPS盲区问题。2015年，美国海军天文台负责维护GPS母钟的部门

话题二 | 即学即用的生活智慧

Locata的定位系统覆盖了白沙导弹靶场（见图中的发射天线）。

进行了测试，结果表明Locata的信号网络可在200皮秒（1皮秒 = 10^{-12}秒）内完成同步，比GPS快50多倍。并且，这些信号可以穿墙，这点GPS可做不到。"我们可与Wi-Fi热点媲美。"Locata公司联合创始人兼CEO（首席执行官）农西奥·甘巴莱（Nunzio Gambale）说。在过去近20年间，他一直在设计这套系统。

这套系统走进寻常百姓家可能还要再等10年，不过迄今为止，它已经在一些商业合作中取得了成功，包括最近与美国国家航空航天局（NASA）兰利研究中心达成了一项协议，用该技术辅助无人航天器安全系统的测试。Locata公司的网络还被美国公路安全保险协会用于评价机动车防碰撞系统的效果，以及在新墨西哥州的白沙导弹靶场检测美国空军飞机的位置，为了模拟作战环境，目前那里的GPS信号被屏蔽了。

甘巴莱说，最理想的情况是，Locata的收发器与手机信号基站整合在一起，这样可以给日常用户带来精确至厘米的定位。接收器最终会小到可以嵌入智能手机等数千种其他的连接设备中，比如手表、狗牌和自动驾驶汽车。他说，下一代系统需要很多同步，而来势汹汹的物联网会大幅增加同步的难度。

为什么有的番茄
更美味？

撰文 | 费里斯·贾布尔（Ferris Jabr）
翻译 | 朱机

为什么超市里的番茄红得透亮却不甜？是因为含糖量低吗？研究人员发现，含糖量低只是番茄不甜的原因之一。挥发性物质，也就是在果实被切开或咬开时会飘进我们鼻腔的化学物质，同样会影响番茄的风味。

红得透亮、结实饱满、光滑无斑，但是没有老式番茄香，这就是美国超市里的典型番茄。至少从20世纪70年代起，美国的消费者就吐槽水果虽漂亮却无味，农民种蔬果追求的不再是好吃，而是高产和经得住运输。近来，有机农业生产者和美食家开始捍卫老式番茄的优质风味，也就是那些形状、大小、颜色各异的传统品种。在2012年6月发表于《当代生物学》（Current Biology）杂志上的一篇论文中，研究人员详细分析了典型番茄和100多种老式番茄的化合物组成，并召集170名自愿者做了一项味觉测试。他们的新发现证实了科学家们近年来开始认识到的一点——番茄的风味不仅取决于果实内糖和酸的比例，也有赖于微量的芳香化合物，现代超市里的番茄缺乏的正是这些芳香化合物。

佛罗里达大学的哈利·克莱（Harry Klee）研究番茄的风味已有10年时间了。他说，超市番茄之所以有这样的缺陷，是因为农民希望植株结的果实越多越好。单株番茄上结的果实越多，每个番茄里的含糖量就越少。

话题二 | 即学即用的生活智慧

然而,在发现番茄风味不只取决于糖分之后,克莱和同事们在3年前开始了一项新的研究课题:分析决定番茄风味的复合化合物。是否可以在不影响产量的同时增强番茄风味?克莱认为,他的发现为这一问题提供了新的方法。

克莱团队在佛罗里达大学的试验田和暖房里种植了152种不同的老式番茄,又从当地超市购买了一般的番茄。他们把切好的番茄片拿给自愿者试吃,自愿者在仔细咀嚼和品味之后,按口感和甜、酸、苦的程度以及整体风味一一打分,同时还要给出整体印象分,并表达爱吃的程度。正如所预测的,自愿者们都觉得糖分较多的番茄要比不那么甜的番茄更有味道,但含糖量并不能完全解释大家的偏好。挥发性物质,也就是在果实被切开或咬开时会飘进我们鼻腔的化学物质,同样影响番茄的风味。

根据克莱的分析,番茄中含量最高的挥发性物质——C6挥发物——几乎不怎么影响人们对番茄风味的感觉,反而是另一种叫作香叶醛的化合物,虽然含量没有那么高,却对番茄风味有很大影响。克莱得出结论说,香叶醛会以某种方式增进番茄的整体风味,也许是增强番茄的芳香味。与老式番茄相比,超市番茄含有的香叶醛以及其他挥发性物质较少。"超市番茄就像淡啤酒,"克莱说,"虽然该有的化合物都有,但含量都低。"

如果通过培育或基因改造能让番茄富含受试者喜欢的挥发性物质,那么科学家就可以生产出既不增加含糖量又特别香甜可口的番茄品种。

32

爆米花中的
物理知识

撰文 | 雷切尔·努维尔（Rachel Nuwer）
翻译 | 李春艳

爆米花是怎样做成的？一般认为，是高温高压导致气体冲破玉米表皮形成的。如今，高速摄像机为我们揭示了一些鲜为人知的细节。

美国人平均每年吃掉的爆米花总量在187亿升以上，不过，很多人都不知道，在这看似普通的零食中，还包含着生物力学的知识。人们如今所了解的与爆米花相关的小知识（如96%的玉米粒在180℃的温度下爆开），大多源于商业研究，因此，为深入探究爆米花爆开的热力学特性及声学特性，来自法国的一位物理学家和一位航空工程师，决定亲自探索其中的奥秘。

坚硬的玉米究竟是如何变成口感松软的美食的？步骤其实非常简单。高温促使玉米中糊化淀粉内的水分沸腾，气体压强不断增大，最终水蒸气冲破玉米薄膜，形成爆米花。不过，在高速摄像机的帮助下，研究团队又有了新的发现：玉米内的淀粉受热后首先会形成一个腿状"附肢"（下页图）。两位科学家在《英国皇家学会界面期刊》（*Journal of the Royal Society Interface*）中对此进行了如下描述："附肢"接触锅底后，会如弹簧般先收缩再释放，使玉米弹至空中并旋转180°。论文作者之一、巴黎综合理工学院的航空工程师伊曼纽尔·维罗（Emmanuel Virot）指出："这与人类的前空翻极为相似，就像人先将肌肉绷紧，之后再完全放松。"

此外，研究人员还利用超灵敏拾音器，对这一看电影必备零食的制作过程进行了监测，最终发现，爆米花爆开时发出的"砰"声，通常是在玉米裂开

话题二 | 即学即用的生活智慧

100毫秒（1毫秒 = 10^{-3}秒）之后响起。因此，他们猜测"砰"声的响起，或许并不是因为玉米的爆开，而是源于玉米内部受热的水蒸气冲破了淀粉层的束缚。看来，这些美味的爆米花还有助于学生理解深奥难懂的物理知识。正如论文的另一位作者，法国国家农业研究所的物理学家亚历山大·波诺马连科（Alexandre Ponomarenko）所说："这一研究的真正目的在于，让物理教师在课堂上以更加有趣的方式讲解这些物理概念。"

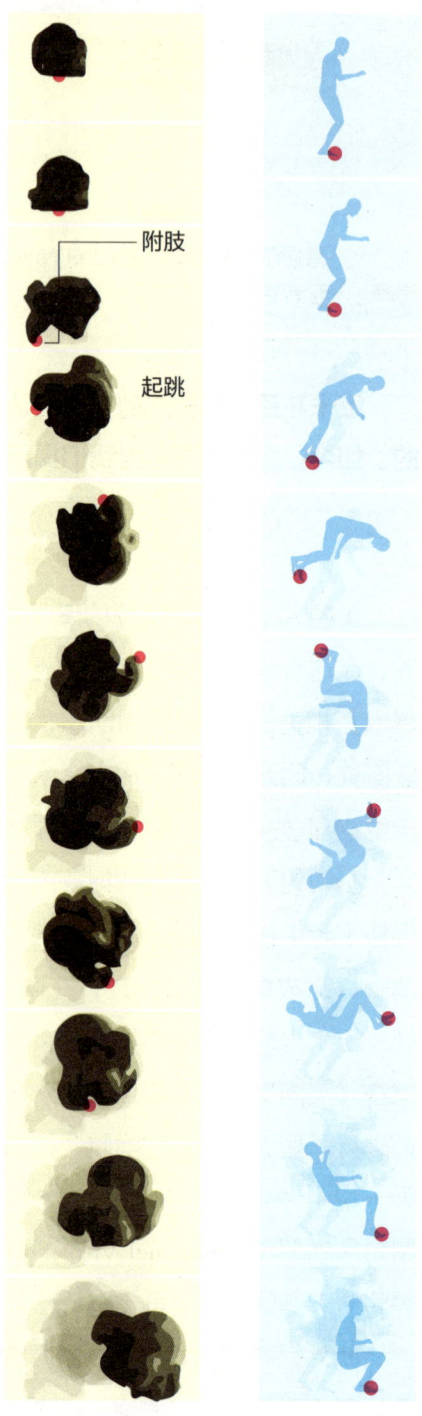

咖啡为什么会洒出杯子？

撰文 | 蔡宙（Charles Q. Choi）
翻译 | 冯泽君

当人们端着咖啡杯行走的时候，为什么有时候咖啡会洒出来，有时候不会？这看似是一个小问题，其中却涉及流体力学、液体表面稳定性、液体与容器相互作用等很多基础科学原理，把它当成一个课题来研究一点儿也不过分。

鲁斯兰·克雷奇特尼科夫（Rouslan Krechetnikov）是美国加利福尼亚大学圣巴巴拉分校的流体力学专家，在一个数学会议上，同事小心翼翼地端咖啡的样子让他不禁想到，为什么有时候咖啡会洒出来，有时又不会呢？于是一个新的研究项目诞生了。

尽管这看起来只是一个小问题，其中却涉及很多基础科学原理，包括流体力学、液体表面稳定性、液体与容器相互作用，还有行走过程涉及的复杂生物学。

他和一名研究生观察人们端着咖啡杯行走的高速录像，分析步行速度等因素对于杯内咖啡的影响。通过逐帧分析，他们发现，在人们步速稳定后，行走

流体力学

指研究流体（气体和液体）的运动规律和平衡规律，以及流体与相接触的物体相互作用的物理分支学科，可按照研究对象的运动方式分为流体静力学和流体动力学，还可按照应用范围分为水力学、空气动力学等。

话题二 | 即学即用的生活智慧 |

本身会导致咖啡杯大幅度、有规律地振动，而每踏一步所产生的起伏以及其他因素（如地面不平或分神等），还会导致杯子小幅度、不规律地振动。

咖啡是否溢出在很大程度上取决于饮料的自然振动频率，即它最易产生的振动频率，就像每个钟摆的振动频率都取决于它的摆长和重力加速度一样。当咖啡杯的大幅度、有规律振动与咖啡的自然振动频率接近时，就会产生共振，就像在恰当的位置推秋千，会使秋千越摆越高，这时咖啡溢出的概率就会大大增加。另外，咖啡杯小幅度、不规律的振动也有可能"放大"咖啡的运动幅度。

揭示咖啡振动和人体运动的关系，有助于我们找到防止液体溢出的方法。"比如设计一种柔韧的容器来缓冲振动。"克雷奇特尼科夫说。此外，在容器内壁的底部和顶部安装一系列圆环也有助于消除液体振动。

咖啡机里的
数学难题

撰文 | 韦特·吉布斯（W. Wayt Gibbs）
　　　内森·米尔沃尔德（Nathan Myhrvold）
翻译 | 徐海燕

当你优雅地品尝一杯充满泡沫的咖啡时，是否注意过那些泡泡的排列规律？比利时物理学家普拉托曾经用三条规则描述过泡泡的排列模式。在泡沫食物中，不遵循普拉托规则的气泡会很快破裂，不信你可以检验一下。

如果你的早晨从一杯满是泡沫的卡布其诺咖啡开始，晚上以一杯醉人的啤酒结束，那么你这一天的始末都有最富科学趣味的食物——可食性泡沫。这些环环相扣的泡泡，不仅蕴藏着深奥的数学难题，也成为近年来饮食业内最富创新的领域。

西班牙加泰罗尼亚著名餐厅埃尔布利的顶级名厨费兰·阿德里亚（Ferran Adrià），从20世纪90年代中期开始试验可食性泡沫，为食客提供全新的饮食体验。阿德里亚使用的起泡物质不是传统的鸡蛋或奶油，而是明胶和卵磷脂之类的东西。他使用的打泡器类似于罐装的Reddi-wip（美国常见的一种罐装奶油，以压缩气体作为动力，可喷出发泡的奶油），但更结实，由一氧化二氮压缩气体提供动力。用以制造泡沫的原料花样繁多，有鳕鱼、鹅肝、蘑菇，还有土豆。他掀起了一场泡沫革命，包括英国布雷的赫斯顿·布卢门撒尔（Heston Blumenthal）、美国纽约的怀利·迪弗雷纳（Wylie Dufresne）、芝加哥的格兰特·阿卡兹（Grant Achatz）在内的大厨们，都开始把各种美食打成泡沫。

这些菜式上笼罩的神秘光环并非仅仅来自新奇的质地。泡沫看似杂乱无

| 话题二 | 即学即用的生活智慧 |

章，但那些泡泡好像无一例外地进行了自组织，遵守着三条普适规则。这些规则是由比利时物理学家约瑟夫·普拉托（Joseph Plateau）于1873年首先注意到的，它们容易描述，却难以解释。第一条规则是，相邻气泡构成的每条边都有三片膜相交，不会是两片，也绝不是四片——永远是三片。第二条规则是，每对相交的膜稳定后，都构成恰好120°夹角。最后一条规则是，每一个交点永远是恰好四条边相交，而边的夹角永远是-1/3的反余弦——大约109.5°。

直到一个世纪后的1976年，美国罗格斯大学的数学家琼·泰勒（Jean Taylor）才证明，至少在两个气泡的情况下，普拉托规则的产生原因是表面张力，它们会迫使气泡采取最稳定的构型。至于三个甚至更多个气泡构成泡沫的情况，数学家仍在努力解决。另外，当气泡充满容器内部时排列成什么形状才能获得最小表面积（即能量最低），也还是未解之谜。1887年，开尔文爵士（Lord Kelvin）提出，答案是蜂巢状排列的十四面体，每个气泡都具有六个方形和八个六边形表面。但在1994年，爱尔兰都柏林三一学院的物理学家丹尼斯·维埃尔（Dennis Weaire）和罗伯特·费伦（Robert Phelan）发表论文，提出了更好但未必是最优的解答：泡沫由两种气泡组成，一种是全部由五边形构成的十二面体，另一种是由两个六边形和十个五边形构成的十二面体。

在泡沫食物中，不遵循普拉托规则的气泡会很快破裂。太小的气泡也有类似的命运：它们的表面张力会导致气泡的内部压力增大，超过破裂点。这是液态泡沫放置越久就变得越糙的原因之一，所以喝卡布其诺咖啡还是要趁新鲜。

冰箱的噪声
从哪儿来？

撰文 | 安伯·威廉斯（Amber Williams）
翻译 | 蒋泱帅

　　许多人对家中冰箱的噪声感到烦躁，这些讨厌的声音到底是由什么引起的？研究人员通过单独运行其中的某个部件发现，噪声竟然源于加热板的振动。

　　"嗡嗡嗡""格楞楞"，冰箱发出的尖锐噪声实在让人抓狂。2006年，韩国工程师发表的一项研究表明，超过半数的人对家中冰箱的噪声感到烦躁。尤其是无霜冰箱，每当它的压缩机加快运转时，就会发出独特的、令人烦躁的爆裂声，充斥整个房间。由于不确定这种声音到底是由什么引起的，土耳其MEF大学和伊斯坦布尔理工大学的机械工程师展开了一项研究，试图找到这些噪声的来源。

　　首先，研究人员制造了一台简装冰箱用于测试。这台冰箱仅包含了压缩机、风扇、加热器、蒸发器和冷凝管这些基本部件。利用绑在各个部件上的振动传感器和传声器，该团队单独运行其中的某个部件，或者以不同的组合方式运转某几个部件。研究人员发现在除霜阶

39

话题二 | 即学即用的生活智慧

段，冰箱的加热器开始工作时，出现此类爆裂声的频率最高，音量也最大。而无霜冰箱正是通过不断加热和冷却的循环运转，来防止冰霜堆积的。该团队已将研究结果发表在了2015年3月的《应用声学》（*Applied Acoustics*）杂志上。

更具体地说，温度的急剧变化会造成加热板中相互接触的金属和其他材料收缩、膨胀，噪声在此阶段最有可能出现。美国Acentech公司（一家声学咨询公司）噪声与振动小组负责人戴维·鲍恩（David Bowen）介绍说，这是"黏滑振荡"现象。造成噪声的罪魁祸首是摩擦力——由于静摩擦而相互"黏合"的部分突然"滑开"，造成加热板振动而发出声音。

论文作者表示，有办法可以降低此类噪声，比如降低加热速率。无霜冰箱的噪声能通过质检，是因为难以对这些噪声进行定量定性的检测。"但那响声真令我烦躁啊！"鲍恩说。

跳高和物理学

撰文 | 罗斯·埃弗利思（Rose Eveleth）
翻译 | 梅林

为什么大多数跳高运动员都喜欢采用背越式姿势？利用中学物理中的一个公式就能解释。

在观看奥运会跳高比赛时，你不妨想想这个公式：$u^2 = 2gh$。在这个公式中，u代表跳高运动员的速度（这需要消耗能量），g代表重力加速度，h代表

话题二 | 即学即用的生活智慧 |

重心的高度。这个公式可以解释为什么大部分跳高运动员都会采用背越式姿势。英国剑桥大学的数学家约翰·巴罗（John Barrow）在他的新书《体育数学：科学家对运动中100个有趣现象的解释》（*Mathletics: A Scientist Explains 100 Amazing Things about the World of Sports*）中写到，背越式跳高可以使跳高运动员的重心更低，而重心低意味着运动员成功翻越横杆时所需的能量更少。而且，更为神奇的是，跳高运动员在翻越横杆时，甚至可以让自己的重心保持在比横杆还低的水平。

现在，你可能会问，为什么许多跳高运动员都喜欢背向横杆起跳？这很容易理解：当你背朝着横杆时，手或脚不小心碰掉横杆的概率会小很多。

话题三
一半是魔法，
一半是光学

在《哈利·波特与魔法石》中，哈利·波特（Harry Potter）从父亲那里继承了一件隐身斗篷，穿上后就能够神奇地隐身，可以神不知鬼不觉地在魔法学校里走来走去。在科学家眼里，哈利·波特的隐身斗篷是一个现实的光学问题，完美隐身可以通过改变光线路径，使光线在平面介质中弯曲来实现。更神奇的是，科学家还能利用时间透镜让光线突然消失，通过创造"时间裂隙"达到隐身的目的。

"隐身斗篷"
即将问世

撰文 | 明克尔（JR Minkel）
翻译 | 张博

"隐身斗篷"由包裹在玻璃纤维内的金属和线缆组成，可使光线以古怪的方式传播。研究人员说，实际制作并且运用这项技术比预期要容易些，但近期不要期待哈利·波特的"隐身斗篷"会成功面世。

在研究人员提出"隐身斗篷"的可行性技术构想仅仅几个月后，他们就展示了这种斗篷的雏形。这件"隐身斗篷"由包裹在玻璃纤维内的金属和线缆组成，可使光线以古怪的方式传播。美国杜克大学的戴维·舒里希（David Schurig）、戴维·史密斯（David Smith）及其同事共同设计了这种所谓"超材料"中的同心环部件，让微波辐射沿最内圈弯曲，就像水绕开石块继续流动

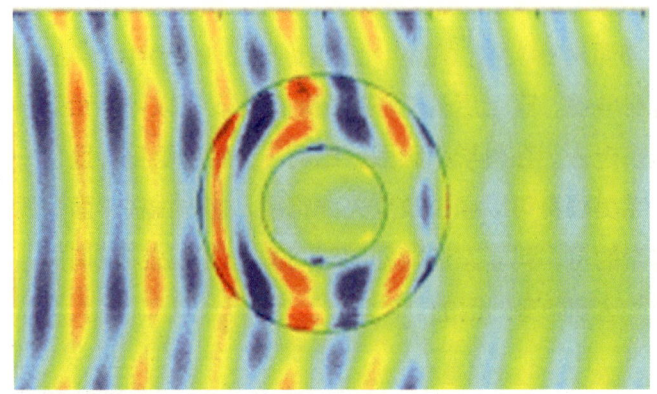

隐身：圆环形的斗篷材料吸收了直射的微波（蓝色），只反射出暗弱的光线（红色），并使产生的投影最少。

一样。与通常情况相比，这种新型圆环吸收或反射的微波更少。舒里希在2006年11月10日的《科学》（Science）杂志上评价他们的原型验证方案时说："我们已经减少了物体产生的反光和影子，彻底消灭反光和影子正是'隐身斗篷'必须具备的重要特点。"研究人员说，实际制作并且运用这项技术比预期要容易一些，但近期不要期待哈利·波特的"隐身斗篷"会成功面世。

> **超材料**
>
> 是21世纪物理学领域出现的一个新的学术词汇，指一类具有天然材料所不具备的超常物理性质的人造材料。超材料在成分上没有特别之处，它们的奇特性质源于其精密的几何结构和尺寸大小。

简易型
"隐身斗篷"

撰文 | 约翰·马特森（John Matson）
翻译 | 王栋

科学家们研制出了一种新型的隐身器件，这种器件的基础结构是两层金膜。当两层金膜叠放在一起时，它们之间就能形成一个被称为"锥面波导"的不可见区域。不过，这项技术只能隐藏一片二维区域，而不能隐藏一块三维区域。

近年来，光学研究人员提出了许多"隐身斗篷"的概念，也就是通过有效弯曲物体周围的光线来使该物体隐身。大部分隐身方法依赖于一种被称为"超材料"的物质，其结构经过精心设计，具有异乎寻常的光学性质（参见《环球科学》2006年第8期《超透镜颠覆光学常识》一文）。不过，一种简单得多的隐身器件，可以完全不需要这种所谓的"超材料"。

美国华盛顿特区BAE系统公司、陶森大学及普渡大学的研究人员已经研制出了一种新型的隐身器件。这种器件的基础结构是两层金膜，一层覆盖在一块弯曲透镜的表面，另一层覆盖在一片平板玻璃的表面。当两层金膜叠放在一起时，它们之间就能形成一个被称为"锥面波导"的不可见区域。这种方法的窍门在于材料的折射率具有一定的梯度，因此，如果从平行于镜片组的方向入射进来，光线所经的路径就会弯曲，绕过中心区域——用这项研究的合作者、普渡大学电气及计算机工程教授弗拉基米尔·沙拉耶夫（Vladimir M. Shalaev）的话来说，这"就像水流绕过了一块石头"。

2007年，一个研究组曾经借助"超材料"设计出了可见光波段的"隐身斗

话题三 | 一半是魔法，一半是光学 |

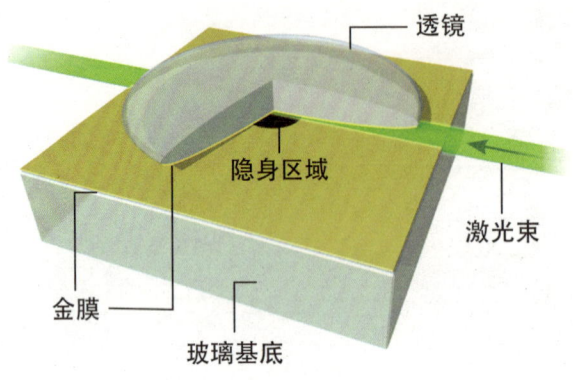

隐身器件可以由覆上金膜的透镜和玻璃片制成。沿着器件侧面边缘照进来的激光束被弯曲，绕过中心点，从而使得中心区域实际上处于不可见的"隐身"状态。

篷"，当时沙拉耶夫正是那个研究组的成员。但是，那件"斗篷"只对预先设定的特定波长的光线有效，而且只能隐藏一块极小的区域。相比之下，波导隐身器件能够在多个波长的可见光下使用，能隐身的区域也大得多。谈及制作"隐身斗篷"时，沙拉耶夫说："从一开始，我们就意识到这是一个巨大的挑战。不是说完全不可能，而是真的、真的太难了。"

英国伦敦帝国学院的物理学家约翰·彭德里（John Pendry）评论说，锥面波导隐身法是一个"非常聪明的主意"。苏格兰圣安德鲁斯大学的物理学家乌尔夫·莱昂哈特（Ulf Leonhardt）也同意这一观点，他把2009年5月29日发表在《物理评论快报》（*Physical Review Letters*）上的相关论文称为"一项天才的工作、一个简便而绝妙的构想"。不过，这两位科学家都指出，这项技术只能隐藏一片二维区域，而不是一块三维区域。"大概你想隐藏的东西也不太可能被压进一个二维平面。"彭德里如此评论。尽管如此，这项研究成果仍会在光学通信领域中大有作为。

创造
"时间裂隙"

撰文 | 约翰·马特森（John Matson）
翻译 | 王栋

> 有一种被称为"时间透镜"的设备能让一部分激光束加速，另一部分减速，这样就会出现瞬间无激光束的情况。只要在光束到达探测器之前恢复原来的样子，就能使发生于"时间裂隙"中的事件逃避探测器的探测。

数年来，物理学家一直都在改进所谓的"隐身斗篷"——一种能巧妙地让光线绕过特定区域，有效隐藏该区域中任何物体的物理装置。现在，美国康奈尔大学的研究人员已经制作出第一个"时间斗篷"，这种装置能在某一特定时

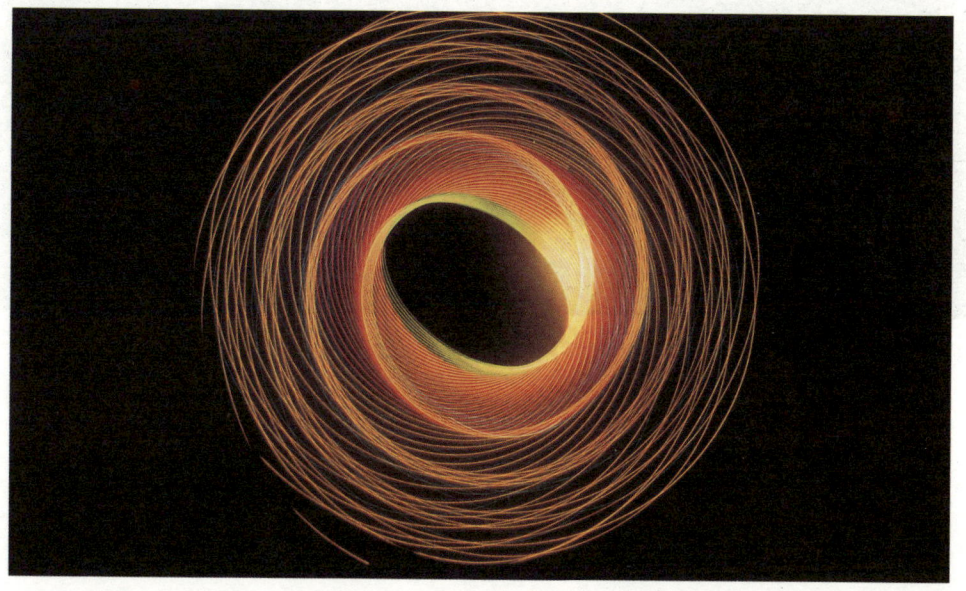

话题三 | 一半是魔法，一半是光学

刻隐藏物体或事件。

在一次初步演示实验中，康奈尔大学的博士后研究员莫蒂·弗里德曼（Moti Fridman）和同事让一束激光穿过一台实验设备后，射入一个探测器。如果这束激光的路径上有一个物体，甚或另一束激光，通常都会产生扰动，并被探测器记录下来。然而，在一些巧妙设置的光学系统的帮助下，弗里德曼及其合作者能在激光束中短暂地开启一个"时间裂隙"，使光束如同不曾受到影响一样，探测器也就无法记录到任何干扰。在这个裂隙里，任何本应对激光束造成影响的东西（如一件物体）都能躲过去，不留下任何能被探测器捕捉到的痕迹。

研究人员能使用这个"斗篷"来隐藏一个光脉冲。通常情况下，光脉冲会同激光束发生相互作用，在特定波长处产生一个尖峰，以表明它的存在。而当这个事件被隐藏后，标志性的尖峰就几乎探测不到了。

在2012年1月5日的《自然》（Nature）杂志上，康奈尔大学的科学家发表了这项研究，他们在论文里介绍道：这种"斗篷"的理论基础是光的一种性质，即在某种介质中，不同颜色的光线的传播速度不同。利用一种被他们称为"时间透镜"的设备，研究人员先将单色激光束分离成一系列波长不同的光，然后将它们中的一半减速，同时使另一半加速，这样就制造出一个很短暂的"时间裂隙"。只要在光束到达探测器之前，通过反转之前的透镜分离过程，将光线恢复成受干扰前的单一波长，就能让"裂隙"再次闭合。

这个由弗里德曼和同事制造的"时间裂隙"极其短暂——只有50皮秒。研究人员指出，将这个尺度增大一些是有可能的，但散射和扩散效应会将"时间斗篷"的尺度限制在几个纳秒（1纳秒＝10^{-9}秒）的范围内。

不反光的 表面涂层

撰文 | 明克尔（JR Minkel）
翻译 | 刘旸

美国科学家将5层纳米棒堆叠在一起，每一层都具有不同的折射率（从最底层的2.03到顶层的1.05），从而将纳米棒涂层的反射率降为0.1%。这种涂层可以应用在发光二极管和太阳能电池上，有助于提高这些设备的功效。

利用一种折射率与空气非常接近的材料，研究人员发明了一种几乎不反射光线的涂层。材料的折射率反映了光穿过这种介质时的速度，从而决定了光路通过这种材料时发生的扭曲程度，也决定了反射光线的强弱。这种新材料由一种透明的半导体晶片构成，上面覆盖了无数倾斜的纳米棒。研究人员将5层纳米棒堆叠在一起，越下层的纳米棒越疏松，这样就可以逐层改变涂层的折射率，使之从最底层的2.03（与半导体晶片相近）降为顶层的1.05（与空气相似，空气的折射率为1.0）。美国伦斯勒理工学院的弗雷德·舒伯特（E. Fred Schubert）和他的小组在2007年3月的《自然·光子学》（*Nature Photonics*）杂志中指出，这种涂层的反射率可以低到0.1%。这种涂层可以应用在发光二极管（LED）和太阳能电池上，有助于提高这些设备的功效。

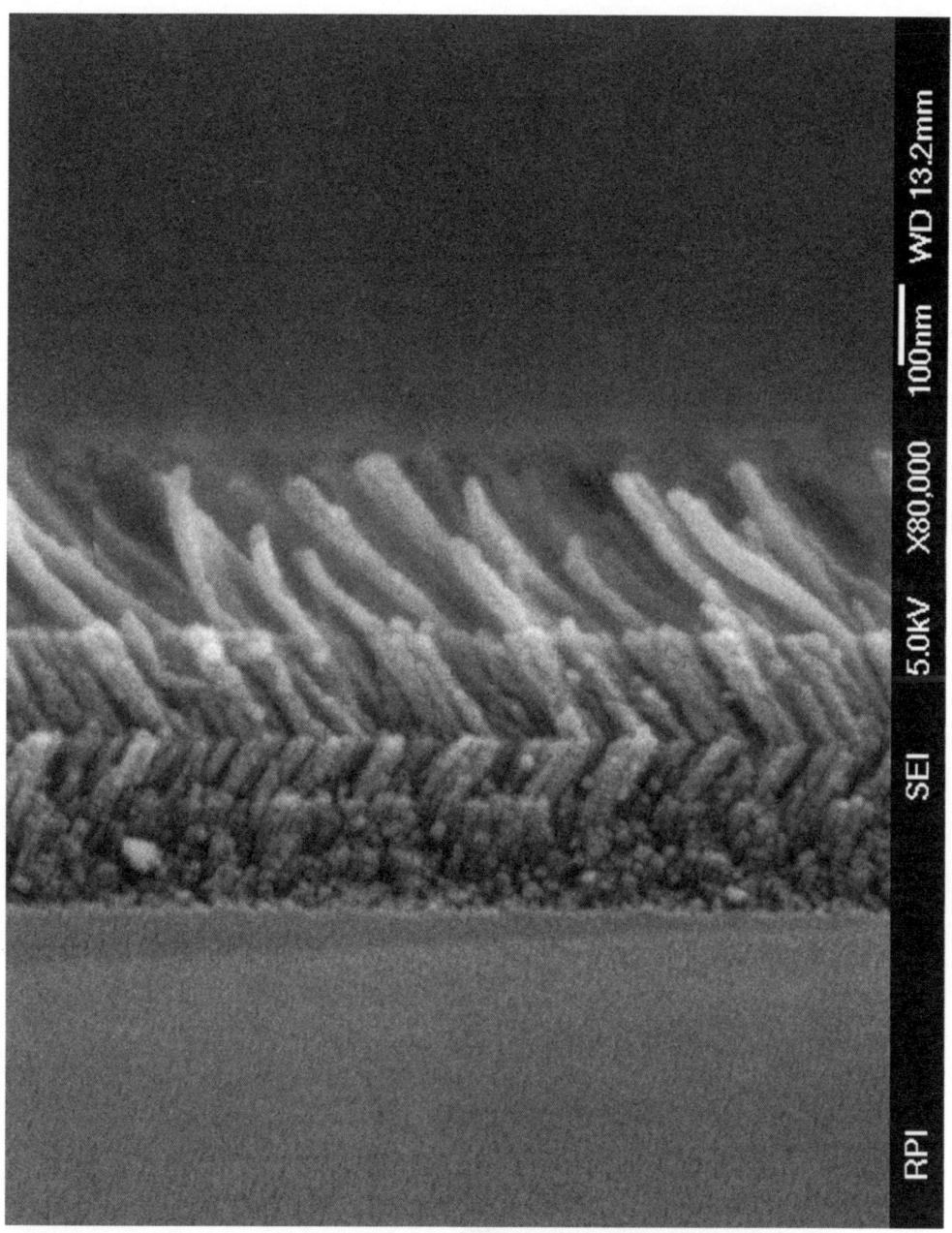

成层排布的纳米棒,每一层都具有不同的折射率,可以在一定的波长范围内消除反光。

手机屏幕将
不再反光

撰文 | 摩根·佩克（Morgen Peck）
翻译 | 张哲

飞蛾的眼睛上布满了同样大小的微小突起，这些突起可以逐步弯曲（或折射）入射光线。入射光和折射光互相抵消。科学家从飞蛾的眼睛得到启发，设计出了不会反光的智能手机屏幕涂层。

夏夜，飞蛾拍打着翅膀轻轻飞舞。尽管沐浴在月光下，但它们的眼睛并不会反光——很快，采用同样原理的手机屏幕，就能帮助人们在耀眼的阳光下看清屏幕内容了。为电子显示屏研发低反射率表面，是个热门的研究领域。所谓的透反式液晶显示屏可以根据背光和环境照明来降低反光。另一种称作自适应亮度控制的方法，使用传感器来增加屏幕亮度。但是这两种技术耗电量都很大，而且都不是完全有效。美国中佛罗里达大学的吴诗聪（Shin-Tson Wu）认

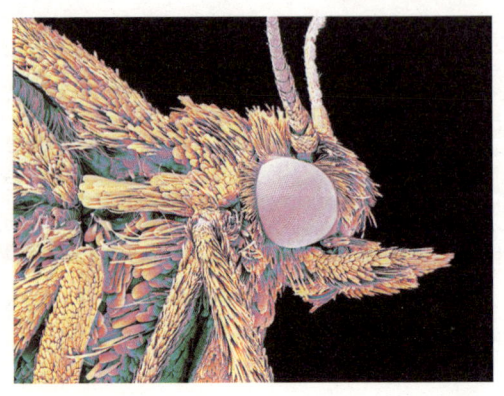

为，模拟飞蛾眼睛是一种更巧妙的解决方法，他最近在《光学》（Optics）杂志发表论文，描述了这项受飞蛾启发的显示屏涂层技术。

当光线从一种介质进入另一种介质时，由于两种介质折射率不同，光线会发生折射，传播速率会发生变化。如果折射率相差很大，比如当在空气中穿行的光线突然撞上一块玻璃时，大部分光线会发生反射。但是，飞蛾的眼睛上布满了同样大小的微小突起，这些突起可以逐步弯曲（或折射）入射光线。入射光和折射光彼此干涉，互相抵消，最终使得飞蛾的眼睛维持深色。

吴诗聪与台湾大学的同事制作了一种很像飞蛾眼睛表面的二氧化硅模具，用这种模具在柔性层上制作了一层布满微凹小坑的坚硬涂层。尽管这些小坑是向内凹而不是像飞蛾眼睛表面那样向外凸的，但它们同样也能防止反光。在测试中，该材料能将反射率降低至1%以下。

英国南安普敦大学研究半导体设备制造的斯图尔特·博登（Stuart Boden，未参与这项新研究）评论说："推广这种方法的最大困难是成本过高。"吴诗聪希望能找到一个商业合作伙伴，以进一步推广这项技术。

"光学镊子"夹起纳米颗粒

撰文 | 雷切尔·努维尔（Rachel Nuwer）
翻译 | 郭凯声

激光束可以拈起并摆弄小如病毒的东西。

光能以微弱的力作用于物质之上。20世纪80年代，美国电报电话公司贝尔实验室（即现在的贝尔实验室）的研究人员利用这种力，打造出了"光学镊子"，通过聚焦激光束来摆弄微米（1微米 = 10^{-6}米）级大小的东西。然而，30年过去了，尽管科学家在这个领域也取得了某些进展，但由于衍射定律限制了光的聚焦程度，因此，对小于100纳米（1纳米 = 10^{-9}米）的物体，"光学镊子"基本上就无能为力了。

然而，发表在《自然·纳米技术》（*Nature Nanotechnology*）杂志上的一项研究揭示，其实衍射定律也是有漏洞可以钻的。

虽然传播型的光波会发生衍射，但在纳米尺度上，黄金之类的贵金属会把光转化为倏逝场（即在瞬间消逝的一类非传播波）。

西班牙光子科学研究所的物理学家将这一原理应用于镀金光缆后，可将光聚焦于更为精细的尺度，并能用来摆弄小到50纳米的微粒。

在此之前，研究人员需要让这种大小的微粒黏附到较大的微粒上，才能对其进行操作，这样的方法无疑很不方便。现在，借助新工具，物理学家可以直接拈起微粒，让其在三维方向上自由移动。

"我们的研究成果对各个领域的科学家都有用，不仅仅是物理学家。"光子学研究人员罗曼·基当特（Romain Quidant）说。新的"光学镊子"的潜在

用途包括：制造精度达到纳米级的医疗产品，为电子器件制造特定形状的纳米晶体，以及操纵蛋白质之类的单个分子。

能聚光的平面透镜

撰文 | 普拉奇·帕特尔（Prachi Patel）
翻译 | 丁家琦

> 我们印象中的透镜都是弯曲的，但最近研究人员制造出了一种扁平的透镜雏形，通过精确排布的密集硅"脊"让入射波弯曲到特定方向，从而实现聚焦。未来平面透镜或可成为制作相机的材料。

一直以来，我们印象中的透镜表面都是弯曲的。而透镜的英文"lens"的来源，正是有着弯曲形状的小扁豆"lentil"。然而，未来的相机很有可能会采用平面透镜来聚光——物理学家已经可以用完全没有凹凸的平面透镜，使光线发生散射和折射。

我们都梦想有朝一日可以把智能手机塞进钱包，为了实现这一目标，研究人员已经在实验室研制出了可弯曲的电路、电池和显示器。不过，厚度仅为毫米级的摄像镜头至今还是未能攻克的难题，尤其是为了防止镜头的像差影响图片质量，还需要用额外的透镜来矫正它，把它做薄就更困难了。2012年，研究人员首次取得了突破，哈佛大学物理学家费德里科·卡帕索（Federico Capasso）和同事制造出了一种扁平、超薄的透镜雏形。虽然没有曲率，但这种薄片可以通过精确排布的密集硅"脊"让入射波弯曲到特定方向，并实现聚焦。然而，这种透镜只适用于一种颜色的光，性能也不够好。

2015年2月，他们发表在《科学》上的一项最新研究，让这种透镜从概念向现实又迈近了一步——它能完美地聚焦红光、绿光和蓝光，把这三种颜色的光组合起来就能产生多种颜色的图像。研究团队制造了一个更大的样镜，卡帕索说："它产生的效果与预测的完全相符。"采用这种平面透镜，可以减小摄像机、显微镜和天文望远镜等设备的体积，并降低成本，将来或许还能将这种平面透镜打印在柔性塑料上，用于制造超薄、可弯曲的设备。科学家已经在跟谷歌和其他公司商谈合作。谷歌的首席光学设计师伯纳德·克雷斯（Bernard Kress）说，这种薄透镜可用于制作紧凑、超轻的新型显示器和成像系统。不过问题在于，当一面透镜不再有着类似于小扁豆的形状，它还能被称作透镜吗？

> **像差**
>
> 指光学系统中，由透镜材料的特性、折射或反射表面的几何形状引起实际像与理想像的偏差，包括球差、像散、畸变、色差等。

硬币上的 显微镜

撰文 | 明克尔（JR Minkel）
翻译 | 刘旸

> 你见过不需要透镜的显微镜吗？这种显微镜的工作原理是，利用密布感光像素的芯片检测从光栅上飘过的目标阻断射向部分感光像素的入射光，从而根据光线强弱绘制出目标物的图像。

一台不需要透镜、大小如硬币一般的显微镜，似乎可以既快速又经济地检查血液，从中检出癌细胞和寄生虫。这是美国加州理工学院的杨昌辉（Changhuei Yang）及其小组制作的一台仪器，光线照射在流过窄小通道的液体样品上，其下是间距10微米、宽1微米的光栅。光线通过一个小孔照射在一个半导体芯片上，芯片上密布的感光像素与数码相机类似。从光栅上飘过的目标阻断射向部分感光像素的入射光，这些像素便可以根据光线强弱的变化绘出目标的图像。小到0.8～0.9微米的细节都清晰可辨（癌细胞的大小通常为15～30微米）。杨昌辉说，有了基于芯片的显微镜，"就再也不用担心会打破透镜了"。这台显微镜的设计灵感来自于眼中由死细胞和其他碎片构成的"飘浮物"。更妙的是，这样一台显微镜的成本只需10美元。

光栅

是一种非常重要的光学元件，一般用玻璃或金属制成，上面刻有很密的平行细纹，一般每毫米几十至几千条。光通过光栅形成光谱是单缝衍射和多缝干涉的共同结果。

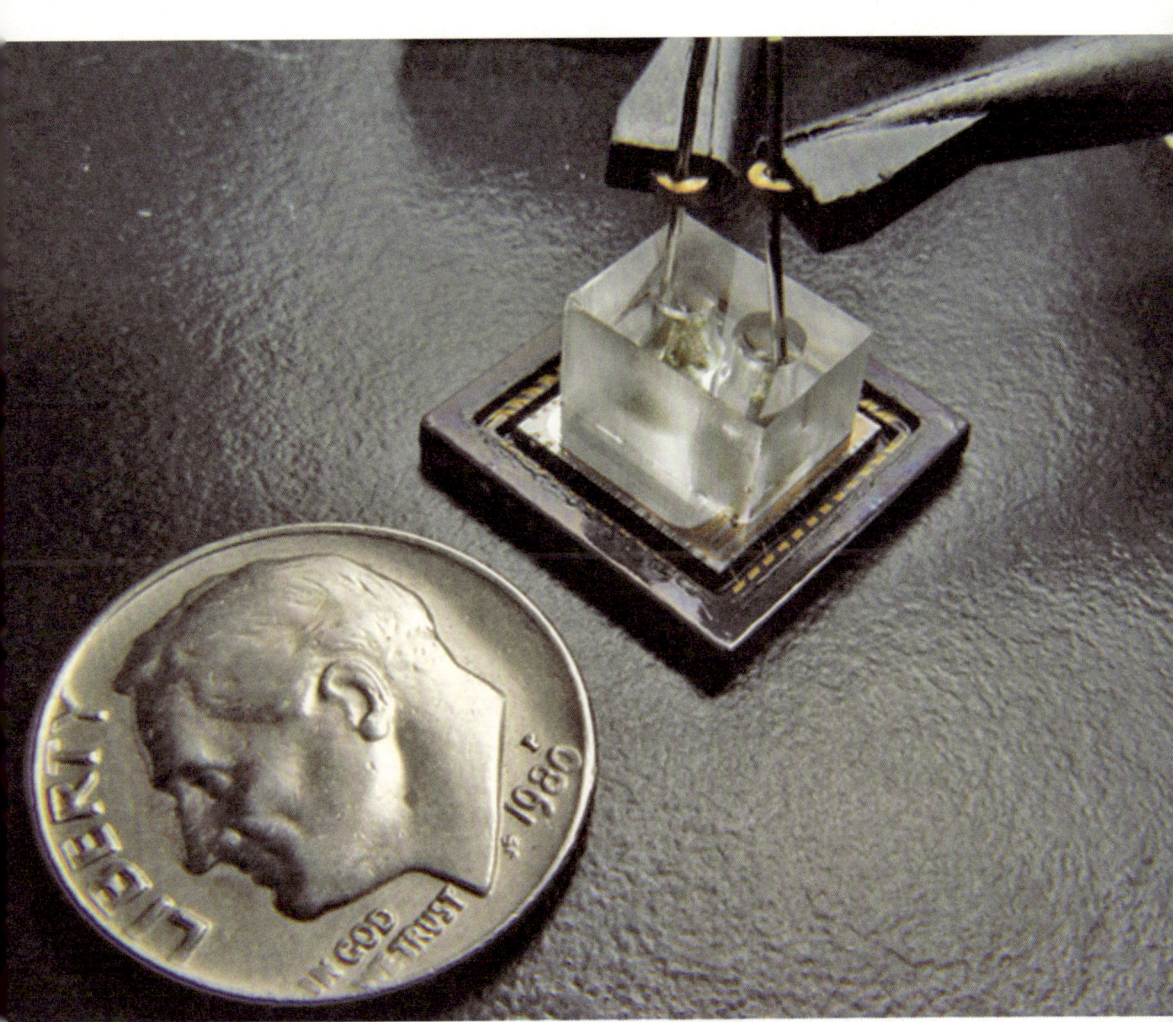
硬币大小的显微镜依靠的不是透镜,而是与数码相机一样的感光元件。

升级X射线
扫描仪

撰文 | 蔡宙（Charles Q. Choi）
翻译 | 王栋

普通X射线成像技术利用目标物体吸收、透射或散射的光线来成像，这种方式往往因为一些细节太过微小而无法辨识。英国物理学家及其同事另辟蹊径，利用X射线穿透物体时产生的微小偏折来成像，能帮助人们分辨更多的关键细节。

X射线几乎能帮助人们发现任何隐藏的东西，如行李中的炸弹和乳房里的肿瘤。但如果使用普通X射线仪，一些关键细节或许会因为太过微小而无法辨识。现在，一种由原子加速器改造而成的新型X射线技术，能帮助人们分辨更多的关键细节。

传统照相技术利用目标物体吸收、透射或散射的光线来成像。广泛使用的X射线成像技术也基于类似的原理，只是X射线取代了可见光。为了获取细微细节，通常需要大量X射线照射。想要达到这个目的，要么延长暴露时间，要么使用回旋加速器或同步加速器上的高能X射线源。然而，前一种方法的辐射

X射线

指波长为0.01～10纳米的电磁波，由德国物理学家威廉·康拉德·伦琴（William Conrad Rontgen）于1895年发现，故又称为伦琴射线。X射线具有很强的穿透本领，能透过许多对可见光不透明的物质，常用于医学诊断和治疗，也用于工业上的非破坏检查。

剂量太大，会对检测目标造成损伤；后一种方法所需的设备又极其昂贵，难以实行。

英国伦敦大学学院的物理学家亚历桑德罗·奥利沃（Alessandro Olivo）及其同事另辟蹊径，利用X射线穿透物体时产生的微小偏折来为物体成像。实际上，他们是想把"相位对比成像"——这种已在同步加速器上使用了15年的技术，搬到普通X射线仪上。

科学家在普通X射线仪上安装了两片约100微米厚的金属光栅，分别放置在目标物体的前后。第一片光栅上的小孔与第二片上的小孔不完全对齐。也就是说，在沿直线传播的X射线通过第一片光栅后，会被第二片阻挡，这样就降低了背景干扰。而探测器只会接收并分析通过物体后发生偏转了的X射线光子。与普通成像技术相比这种方式能将对比度提高至少10倍。"所有细节都能

奥利沃拍摄的细香葱X射线照片。

话题三 | 一半是魔法，一半是光学

看得更清晰，以前认为很难探测到的细节也能看到了。"在谈论发表在《应用光学》(*Applied Optics*)杂志上的这项发现时，奥利沃如此说道。虽然普通X射线仪通常能探测到炸弹，却不容易将它们同其他材料（如塑料或液体等）区分开来。目前，科学家设计新的光栅，希望能让成像灵敏度更上一层楼。此外，他们还在研究从多角度探测目标物体的三维扫描技术。

"这种成像系统仅需几秒钟就能完成成像，比其他相位对比成像技术快得多，因为后者在成像时功率不够大，需要数分钟才能完成。"英国萨里大学的放射物理学家戴维·布拉德利（David Bradley）说。但英国曼彻斯特大学材料科学家菲利普·威瑟斯（Philip Withers）说，现在还无法确定的是，该系统的成像速度是否快到可以实现安全扫描。威瑟斯相信，升级后的X射线扫描技术能为医学成像以及航空材料缺陷的检测带来进步。

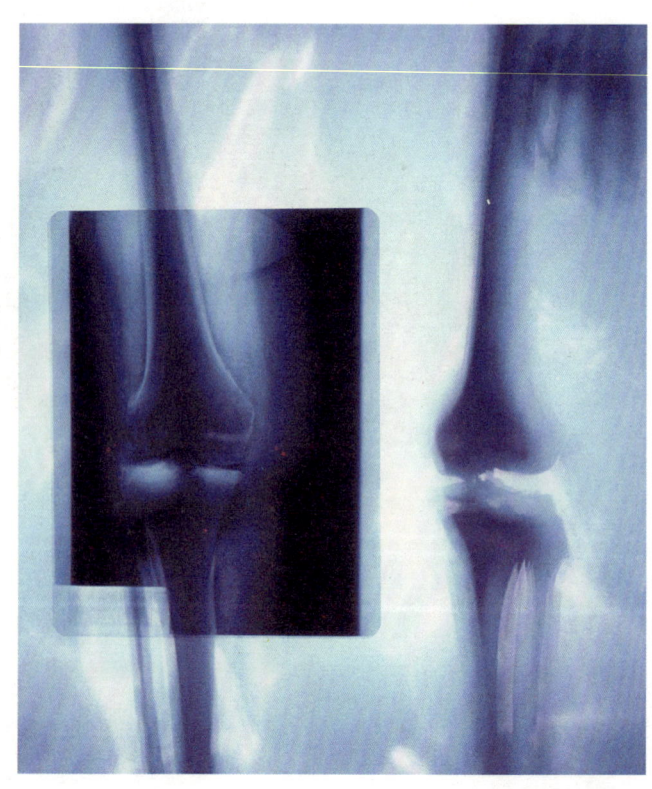

话题四
不可尽知的粒子世界

人类对微观世界的探索看似永无止境。19世纪以前,人们认为构成物质的最小单位是原子。进入20世纪之后,物理学家们才认识到原子是可分的,原子内部还有质子、中子和电子,这些粒子和光子一度被称为基本粒子。然而,到20世纪60年代,人类又认识到,基本粒子中的质子和中子并不"基本",它们由更小的粒子——夸克——组成。直到现在,粒子世界仍有很多很多的奥秘等待我们去探索、去发现……

质子究竟
有多小

撰文 | 达维德·卡斯泰尔韦基（Davide Castelvecchi）
翻译 | 王栋

最近，一项研究结果令理论物理学家们很头疼——质子的尺寸比以前估算的小4%，这与量子电动力学的预言不符，而作为电磁力的基础理论，量子电动力学曾经经受住了最严格的检验。难道量子电动力学图像存在问题？

一个研究小组于2010年7月声称，组成物质的基本单元——质子——要比人们以前估算的小4%。这项发表于《自然》杂志的发现让物理学家头疼不已，因为它与基于量子电动力学的预言不符。而作为电磁力的基础理论，量子电动力学曾经经受住了物理学中最严格的检验。

德国加兴市马普研究所量子光学中心的兰道夫·波尔（Randolf Pohl）及其同事使用激光来探测极不稳定的人造氢原子。在这种氢原子中，一种被称为 μ 子的基本粒子取代了通常围绕在单质子原子核外的电子。激光带来的能量让原子以特定波长发射X射线荧光。这些波长反映了一系列细微效应，其中包括一个不怎么为人所知的事实：核外

数据

关于尺度
（单位：米）

人体细胞的大小
0.00001

氢原子的大小
0.0000000001

质子的大小
（根据文中的测量结果）
0.000000000000000084184

夸克

夸克是一种基本粒子，也是构成物质的基本单元。夸克互相结合，形成一种复合粒子，叫作强子，强子中最稳定的是质子和中子，它们各自由三个夸克组成。

夸克有六种，分别是上夸克、下夸克、奇夸克、粲夸克、底夸克及顶夸克。上夸克及下夸克的质量是所有夸克中最低的。较重的夸克会通过粒子衰变过程变成上夸克或下夸克。一般来说，上夸克及下夸克很稳定，所以在宇宙中很常见，奇夸克、粲夸克、顶夸克及底夸克则只能由高能粒子的碰撞产生（如在宇宙线及粒子加速器中）。

粒子（在这里是 μ 子或电子）常常直接从质子中穿过。这是有可能的，因为质子也是由更小的基本粒子（两个上夸克和一个下夸克）组成的，质子中的大部分体积其实是空的。

通过计算质子半径对这种"穿核"轨道的影响，研究人员估算出，质子的半径为0.84184飞米（1飞米＝10^{-15}米）。这一数字比先前所有的测量结果（从0.8768到0.897飞米）都要小。但无论是哪个结果，质子的尺寸都要远远小于原子中最小的氢原子。如果把一个原子看作足球，则质子就仅有一只蚂蚁那么大。

与如此小的尺度打交道，误差总是难免的。然而，经过12年艰苦不懈的努力（就像波尔所说的："你得是个老顽固才行。"），该研究小组确信，他们使用的仪器产生的一些不可预计的细小误差并没有影响结果的准确性。理论物理学家也对描述 μ 子行为及估算质子大小的计算进行了复核，美国密苏里科技大学（位于罗拉市）的理论物理学家乌尔里希·延丘拉（Ulrich D. Jentschura）说，这些计算要简单一些。

一些物理学家提出，μ 子和质子之间的相互作用或许会由于某些正－反粒子对的意外出现而变得复杂，这种正－反粒子对会在原子核内或核周围的真空中短暂出现。延丘拉说，最有可能的候选者是正负电子对。然而，根据通常的

话题四 | 不可尽知的粒子世界

原子物理理论,它们不应该出现,至少根据标准理论不会。波兰华沙大学的理论物理学家克日什托夫·帕丘茨基(Krzysztof Pachucki)说:"这或许是首次有迹象表明我们已知的(量子电动力学)图像存在一些问题。"他认为,或许目前的原子物理理论确实需要一些微调,但不太可能彻底推倒重建。不论最终的答案是什么,在接下来的这几年中,物理学家可能还得继续头疼下去了。

质量在改变

撰文 | 蔡宙（Charles Q. Choi）
翻译 | Joy

科学家们都希望自然界中的常数能保持恒定，不过，偶尔事与愿违也在所难免。最近，科学家们通过对比实验室中的结果和天文观测得到的数据发现：自宇宙初期以来，质子与电子的质量比降低了 5×10^{-4}。

自然界中的常数应该保持恒定，这是大家都期望的。不过，现在物理学家发现，质子与电子的质量也许已经随着时间的流逝发生了改变。荷兰阿姆斯特丹自由大学的研究人员在自己的实验室中研究了被远紫外激光束照射的氢气吸收的光波波长；位于智利的欧洲南方天文台也从一团遥远的氢云中，测得了吸收光波的波长——这团氢云吸收了更遥远的类星体在120亿年前发出的光线。

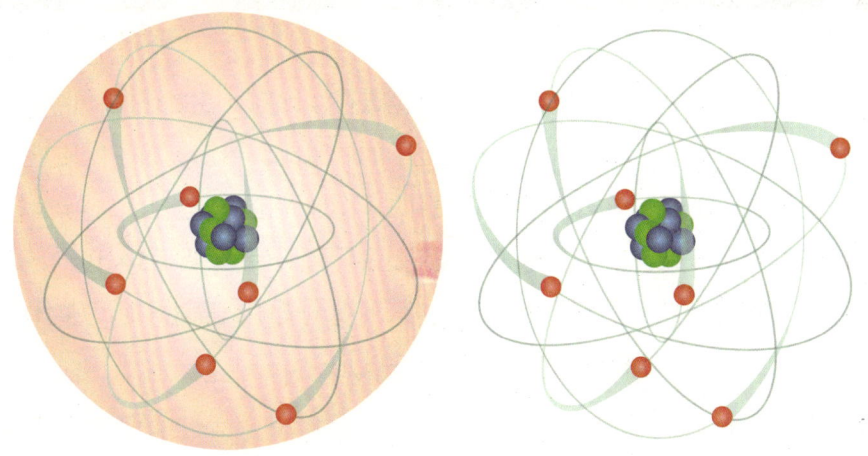

 话题四 | 不可尽知的粒子世界

研究人员将实验室中的结果与天文台的数据进行了比较。在上述两种情况下，一些特定吸收线的位置都取决于质子与电子的质量比。目前，质子的质量大约是电子质量的1,836倍。在2006年4月21日的《物理评论快报》上，科学家报告说，自宇宙初期以来，质子与电子的质量比很明显已经降低了5×10^{-4}。这些发现为最近引起争议的观测提供了补充。那项观测表明，描述电磁力整体强度的精细结构常数已经随着时间稍稍增大了一点儿。

并非中性的
中子

撰文 | 蔡宙（Charles Q. Choi）
翻译 | 刘旸

中子是组成原子核的粒子之一，但中子是有内部结构的。过去，科学家们认为，中子的中心带有正电荷，外围带有等量的负电荷。然而，最近的研究结果显示，负电荷既存在于中心，也存在于外周，把正电荷夹在中间，形成负－正－负三层结构。

从整体上来看，中子是电中性的。不过，物理学家过去认为，中子的中心带有正电荷，外围则带有等量的负电荷。利用三个不同的粒子加速器得到的最新研究结果显示，中子有更加复杂的结构——负电荷既存在于中心，也存在于外周，把正电荷夹在中间，像三明治一样。这一发现不仅可以帮助我们更好地理解强核力，还能帮助我们理解恒星内部的一些物理原理。这项研究在核能和核武器方面也可能有用武之地。美国华盛顿大学的杰拉尔德·米勒（Gerald Miller）在2007年9月14日的《物理评论快报》上撰文表示，随着数据的不断更新，中子更加复杂的性质可能会被逐步揭示出来。

强核力

又称强相互作用或强力，是宇宙的四种基本力之一，其余三种为弱核力、电磁力及引力。强核力将原子中的质子和中子结合在一起，还将质子和中子中的夸克束缚在一起。

物质——
反物质分子

撰文 | 蔡宙（Charles Q. Choi）
翻译 | 刘旸

由于电荷相反，正电子和电子很容易相互吸引，结合成电子偶素。从理论上来讲，两个电子偶素原子之间也能相互配对，形成分子，这就好比两个氢原子形成H_2。最近，美国科学家发现了两个电子偶素可以相互结合的确凿证据。

早在几十年前，研究人员就已经知道，电子和它的反粒子正电子可以结合，形成一种寿命很短的类氢原子——电子偶素。现在，美国加利福尼亚大学河滨分校的科学家们成功使两个电子偶素结合，形成了一种被称为双电子偶素的新分子。研究人员先在一个电磁势阱中捕捉了大约2,000万个正电子，然后以纳秒级别的强烈脉冲，将这些正电子射向多孔二氧化硅薄膜上的一个微点。正电子会扩散到各个小孔，将电子吸引进来，形成大约10万个双电子偶素分子。

研究这些分子，不仅能对反物质展开全新的研究，还可以解释为什么反物质在宇宙中

> **正电子**
>
> 是电子的反粒子，除带正电荷外，其他性质与电子相同。正电子不稳定，遇到电子会与之发生湮灭，产生电磁辐射，放出高能光子。正电子湮灭主要有三种方式，即自由湮灭、生成电子偶素后湮灭、参与化学反应。

如此罕见。电子和正电子最终碰撞时产生的γ射线，可能会被用于发展定向能武器，或者帮助核电站启动核聚变反应。更详细的报道请参见2007年9月30日出版的《自然》杂志。

超光速中微子

撰文 | 达维德·卡斯泰尔韦基（Davide Castelvecchi）
翻译 | 王栋

爱因斯坦狭义相对论中设定的宇宙速度上限为真空中的光速，但最近有研究人员称，一种名为中微子的亚原子粒子打破了这个上限。不过，许多理论物理学家对这个结果表示质疑。

不知道你是否注意到这条新闻：2011年9月，一个物理学家团队宣布，一种名为中微子的亚原子粒子或许打破了由爱因斯坦狭义相对论设定的宇宙速度上限。在这项名为OPERA（Oscillation Project with Emulsion-tRacking Apparatus）的大型中微子振荡实验中，研究人员从位于瑞士日内瓦附近的欧洲核子研究中心（CERN）发射了一束中微子，它们穿过地壳，最终抵达位于意大利拉奎拉附近的格兰萨索国家实验室。据科学家估计，中微子到达目的地所用的时间，比光快了约60纳秒。

中微子

来自意大利语"neutrino"，字面上的意义为"微小的电中性粒子"。中微子不带电，质量非常轻，小于电子的百万分之一，以接近光速运动。

中微子有三种类型，即电子中微子、μ子中微子和τ子中微子。中微子在自然界中广泛存在，太阳、宇宙线、核电站等都能产生大量的中微子。它极难被探测到，几乎不与物质发生相互作用，可以轻松地穿过人体、建筑，甚至地球，而不带来任何影响。

对于这个结果，科学家们持谨慎态度，尤其是因为早前一项测量中微子速度的研究已经表明，在很高的精确度上，中微子同样遵循宇宙速度上限。在2011年9月29日发表的一篇网络版简短论文中，美国波士顿大学的安德鲁·科恩（Andrew Cohen）和谢尔登·格拉肖（Sheldon Glashow）通过计算得出，任何超光速飞行的中微子都会在飞行途中损失能量，并留下一条由较慢粒子组成的轨迹。这种轨迹类似于超音速飞机后方留下的音爆，并会被地壳吸收。

但是，同刚发射时相比，在格兰萨索国家实验室探测到的中微子能量并没有变化，这就说明中微子速度的测量结果是值得怀疑的。"当所有粒子都具有相同的最大可能速度时，粒子不可能通过释放另一个粒子来损失能量，"科恩

话题四 | 不可尽知的粒子世界

解释道,"但是,如果相关粒子的最高速度不尽相同",那么这种过程就会发生。

这类效应的常见例子是,电子和光子在同一介质中传播,如水或空气,由于光子受到传播介质影响,传播速度会低于电子在介质中的速度上限,即真空中的光速。在这种情况下,电子会释放光子,损失能量。这种具有不同速度上限的粒子之间的能量交换叫作切伦科夫辐射,这也是核电站核燃料池总是散发着蓝光的原因。

对于这次中微子实验，科恩和格拉肖通过计算得出，中微子的尾迹应该主要由电子及正电子构成。关键问题是，根据正反电子对的产生速率可知，从欧州核子研究中心发射的一个超光速中微子在抵达格兰萨索之前，就会损失掉大部分能量。所以，这也说明，或许它们的飞行速度根本就没有超过光速。

"我认为已经可以盖棺定论了，"美国亚利桑那州立大学的理论物理学家劳伦斯·克劳斯（Lawrence M. Krauss）评论说，"这是一篇非常棒的论文。"那么，爱因斯坦还是对的吗？爱因斯坦相对论取代了牛顿物理学，毫无疑问，物理学家也将继续寻找爱因斯坦理论中的错误。"我们会不断验证自己的想法，"科恩说，"即便是那些已经建立起来的理论也一样要接受检验。"（2012年2月，《科学》杂志爆料称，来自欧洲核子研究中心的内部人士透露，中微子速度的误差可能是由于连接GPS接收器和电脑之间的光缆松了造成的。欧洲核子研究中心随后证实了这一说法，但同时表示还有另外一个因素，即用于将探测器时间与GPS进行同步的一个振荡器可能存在误差。）

虚无缥缈
找粒子

撰文 | 迈克尔·莫耶（Michael Moyer）
翻译 | 谢懿

> 惰性中微子不参加除引力外的任何相互作用，因此，很难被探测到。尽管天文学家和美国费米实验室的科学家似乎都找到了惰性中微子存在的证据，但是这些结果还需要进一步验证，惰性中微子仍属于一种假想粒子。

中微子是最著名的"害羞"粒子，可以穿透任何东西——包括你的身体、整个地球和专门用来捕捉它们的探测器——而不留痕迹。但是，跟目前仍属于假设的惰性中微子相比，普通中微子简直就像鞭炮一样吵闹。惰性中微子甚至无法通过弱核力与普通物质发生相互作用，弱核力是连接中微子和日常世界的纽带。然而，新的实验已经发现了证据，惰性中微子不仅真实存在，而且很普遍。它们中的一些甚至有可能构成了已经困扰天文学家几十年的神秘的暗物质。

物理学家还远没有准备好正式宣布如此戏剧性的发现，但这些结果"将会极为重要，如果它们被证明为正确的话"，美国加利福尼亚大学洛杉矶分校的亚历山大·库先科（Alexander Kusenko）如是说。

科学家是如何去寻找这些几乎无法被探测到的粒子的呢？库先科和美国国家航空航天局（NASA）戈达德航天中心的迈克尔·勒文施泰因（Michael Loewenstein）推测，如果惰性中微子真是暗物质，它们就会偶尔衰变成普通物质，产生一个较轻的中微子和一个X射线光子；在发现有暗物质存在的地方去寻找这些X射线应该是明智的。他们利用钱德拉X射线天文台观测了一个被认

话题四 | 不可尽知的粒子世界

为富含暗物质的近距矮星系，而且恰好在正确的波段上发现了一些有趣的X射线信号。

另一个证据来自于超新星。如果惰性中微子真的存在，超新星会沿着磁力线将它们喷出，形成一道紧凑的喷流，由此产生的反冲会把脉冲星推射出去，在宇宙中穿行。天文学家确实观测到了这种现象——脉冲星在宇宙中疾驰的速度可达每秒数千千米。

不过，天文学家不一定非得靠观测天空来寻找惰性中微子的证据。美国费米国家加速器实验室的科学家最近验证了16年前寻找惰性中微子首批证据的实验。费米实验室的科学家隔着大地向500米外的一个探测器发射普通中微子。他们发现，在飞行过程中，许多中微子的"身份"发生了变化，而且变化方式与惰性中微子存在的情况如出一辙。

下一步就是要证实这些结果。最近勒文施泰因和库先科用牛顿X射线多镜面望远镜（XMM-Newton，另一台空间X射线望远镜）重复了他们的实验，费米实验室的科学家也已经在准备另一次实验了。这种最"害羞"的基本粒子或许藏不了多久了。

隐藏的证据：一些脉冲星提供了惰性中微子存在的证据，如位于"吉他星云"一端的脉冲星。

"惰性"中微子
搜寻无果

撰文 | 彼得·安德雷·史密斯（Peter Andrey Smith）
翻译 | 李玲玲

经过长达7个月的搜寻，物理学家还是没有发现传说中的"惰性"中微子。不过实验结果仅仅排除了某些质量和特性的粒子，所以有关惰性中微子的终极真相仍然没有被揭开。

中微子有三种类型（或三种"味"）：电子中微子、μ子中微子和τ子中微子。但是物理学家猜测，还有其他形式的中微子——这些中微子表现很奇怪，几乎从不与其他粒子互相作用。这种"惰性"中微子也许能解开物理学界的一些重要难题，例如使人困惑的暗物质，它们显然遍布宇宙并且会对普通物质施加引力。

但搜寻几十年，这种中微子依旧不可捉摸，最近一次试图现场捕捉它们的努力也落空了。经过长达7个月的搜寻，中国大亚湾反应堆中微子国际实验团队中的物理学家仍然一无所获。

这次特别的搜寻是在地下进行的。大亚湾反应堆位于广东省，这些中微子探测器埋设在一组核反应堆下面的不同深度处。这是因为核电厂发生的裂变反应，会自然而然地产生许多电子中微子的反物质对应物。中微子，说来也奇怪，它的"味"能在一个叫作振荡的过程中发生转换，只要这些反物质粒子在飞速运动，其中一些就会转变成反μ子中微子或反τ子中微子，一路撞向中微子探测器。科学家粗略知道有多少反电子中微子会变成其他中微子，并利用这种计算来推断：是否有反电子中微子在最深处的探测器那儿消失了。如果有粒

光敏管放大反中微子信号（中国大亚湾）

子消失，就意味着原来的反中微子很可能变成了惰性中微子。

美国布鲁克黑文国家实验室的物理学家米林·迪万（Milind Diwan）也是大亚湾实验小组的一员，他说："大亚湾没有找到消失的中微子，说明这个特殊的领域不可能有惰性中微子了。"这一结果发表在2014年10月的《物理评论快报》上，不过实验结果仅仅排除了某些质量和特性的粒子，所以有关惰性中微子的终极真相仍然没有被揭开。大亚湾实验现场的物理学家会继续在更大特性范围内寻找这种粒子。毕竟，搜寻希格斯玻色子的头30年也是一无所获的。

量子
排斥力

撰文 ｜ 约翰·马特森（John Matson）
翻译 ｜ 蒋青

真空中充满各种波长的粒子，假如使两个不带电的金属薄盘紧紧靠在一起，较长的波长就被排除出去，导致两个薄盘相互吸引，这就是卡西米尔效应。物理学家发现，真空中无处不在的量子涨落还会引起另一种效应——相互排斥。

物理学家又检测到真空中无处不在的量子涨落引起的一种新效应——确切地说，这种效应类似于卡西米尔力，不过，效果却是相互排斥。卡西米尔力通常会在两块间距极小的金属板之间产生吸引力，使它们结合得更加紧密。但是，当两个表面分别由电学性能不同的材料构成时（如实验中科学家使用的金和硅），卡西米尔排斥力就会出现。正如理论所预言的那样，量子涨落会把这两种材料拉开。这种效应只在纳米尺度下可见，进一步研究它将有助于工程师设计出更精细的机械装置。

量子涨落

在量子力学中，量子涨落（或称量子真空涨落、真空涨落）是指空间任意位置上能量的暂时变化。它允许在完全空无一物的空间（纯粹空间）中随机产生少许能量，前提是该能量在短时间内重归消失。

量子
擦边球

撰文 | 乔治·马瑟（George Musser）
翻译 | 庞玮

量子世界和我们熟悉的世界很不相同：假设你把足球踢到小土丘上，如果踢得太轻，足球势必没过坡顶就会滚回来，但量子小球会穿过土丘到达另一边；一个小球滚到桌边势必会掉下去，但量子小球可能会从桌边反弹回来。

量子力学可以被这样定义：事情总和你想象的刚好相反。这个定义屡试不爽：真空是满的，粒子就是波，猫可以既是活的又是死的。由物理学家组成的一个科研小组研究了另一个量子"脑筋急转弯"。你也许会"天真"地以为，一个小球滚过桌面，到了桌子的边缘，它一定会掉下去——抱歉，你又错了。实际上，一个量子小球在适当的条件下，不仅不会掉下桌面，而且会从桌边再滚回来。

这个现象是量子隧穿效应的"倒行逆施"版。量子隧穿效应本身就足够令人惊奇了：假设你把一个足球踢到小土丘上，如果踢得太轻，足球还没过坡顶就会滚回来；如果用同样的力道去踢一个量子足球，球却有可能滚到土丘的另外一边，就像从土丘中打通一条隧道穿过去一样（不过，这条隧道并不真的存在）。这个过程解释了粒子如何能从原子核中逃逸出来，产生放射性 α 衰变。量子隧穿效应如今已经成为许多电子设备得以实现的基础。

通过隧穿效应，粒子可以完成小球永远无法做到的一些事情。反过来，对于小球来说屡试不爽的一些事情，粒子也可以偏偏不这么做。把足球踢向悬崖边的话，它总是会掉下去的。可是，如果把一个粒子踢向悬崖边，它却有可能

话题四 | 不可尽知的粒子世界

反弹回来。这些粒子就像某种小玩具机器人,能够感应到桌子或者楼梯的边缘,然后倒退回来。不同的是,粒子的这种"特技表演"依靠的并不是某种"内部机械装置",而是本能地逆着外力驱使它移动的方向而动。西班牙格拉纳达大学的佩德罗·加里多(Pedro L. Garrido)、芬兰赫尔辛基大学的亚尼·卢卡里宁(Jani Lukkarinen),还有美国罗格斯大学的谢尔登·戈尔茨坦(Sheldon Goldstein)和罗德里希·塔马尔卡(Roderich Tumulka)对此进行了研究,他们给这一现象起了个名字——"反隧穿"。

粒子波反射:正如海面可以把光波反射回水中,桌子的边缘也可以把一个量子波反射回桌面,阻止量子波描述的粒子从桌边滚落。

> **放射性 α 衰变**
>
> 是原子核自发放射 α 粒子的核衰变过程。α 粒子是电荷数为2、质量数为4的氦核 He^{2+}。α 衰变是一种核裂变，其中涉及量子物理学中的隧穿效应，由强核力力场产生和控制。
>
> 发生 α 衰变时，一颗 α 粒子会从原子核中射出；α 衰变发生后，原子核的质量数会减少4个单位，其原子序数也会减少2个单位。

不论是隧穿还是反隧穿，解释这两种现象都要依赖于粒子的波动本质，而波动性又反映出这样一个事实：一个量子化粒子的位置通常是不确定的。粒子的波描述了可以找到这个粒子的空间范围。波的性质与通常意义上的波（如声波）非常类似。任何波在碰到非绝对刚性的障碍物时，都会有一部分穿入障碍物，只是波的强度会有所衰减。只要障碍物不是太厚，波都可以在另外一边重现。这个过程与隧穿效应类似。

任何波在遭遇到环境的突然变化时，哪怕改变之后的环境更有利于波的传播，一部分波也会反射回来——这个过程就与反隧穿类似。潜水员在水下向上看时，会发现海面像镜子一样反光，这也是类似过程的结果。为了让变化发生得足够"突然"，环境发生改变的距离必须短于波的波长（粒子波的波长与粒子动量有关）。如果变化过程太平缓，波就会继续前进，此时粒子的行为就跟足球完全一样了。

加里多及其同事进行了一系列数值分析，排除了这一现象是理想条件下人为效应的可能性。他们还计算了一个粒子从桌边掉下去之前，能够在桌面上"滚"多久。结果发现，桌子越高，粒子待在桌面上的时间就越长。美国里德学院的戴维·格里菲思（David Griffiths）写过一本量子力学入门教材，在各大高校被广泛使用。他把反隧穿现象视为"一个非常可爱的悖论"，还在教材第二版中增加了一道与此有关的课后习题。2004年诺贝尔物理学奖获得者、麻省理工学院的物理学家弗兰克·维尔切克（Frank Wilczek）说："这个分析很严密，指出了一个我以前没有清楚认识到的有趣现象。"

反隧穿效应可能在建立实验室粒子阱、描述核衰变，或者探索量子力学基础等方面得到应用。不过，它最引人注目之处在于提醒物理学家：一个已经有近百年历史的"古老"理论，依然有能力让人大吃一惊。

量子
麦克风

撰文 | 达维德·卡斯泰尔韦基（Davide Castelvecchi）
翻译 | 庞玮

研究人员利用计算机芯片制造技术，制作了一个1微米厚、40微米长的微型音叉，以此来模拟单个原子表现出的量子特性。这是一个里程碑式的研究，它证实我们正处于一个十足的量子世界。

单个分子"击掌"会发出什么声音？科学家研制出一种装置，能捕捉正在进行机械振动（类似于化学反应中的分子振动）的单个量子。他们发现，这种头发粗细的装置在发挥作用时，就好像它同时存在于两个地方。而在此之前，这样的"量子怪事"仅能在分子尺度下发生。

"这是一个里程碑式的研究，"美国洛斯阿拉莫斯国家实验室的理论物理

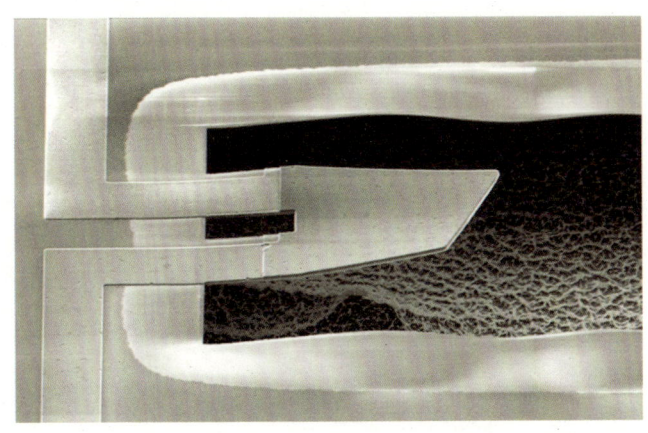

> **谐振**
>
> 即物理学中的简谐振动。物体在平衡位置附近往复运动,物体受力的大小总是和偏离平衡位置的距离成正比,且受力方向总是指向平衡位置,其动力学方程式是F = -kx(胡克定律)。

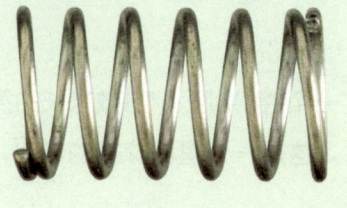

学家沃伊切赫·楚雷克(Wojciech Zurek)说,"它证实了很多人相信,但也有人一直反对的一个观点——我们处于一个十足的量子宇宙。"

美国加利福尼亚大学圣巴巴拉分校的研究生阿龙·奥康奈尔(Aaron O'Connell)利用计算机芯片制造技术,制作了一个类似微型音叉的机械谐振器——仅有1微米厚、40微米长,肉眼刚好可以看得见。然后,奥康奈尔与合作者将谐振器连接到一个超导线圈上,把整个装置冷却到-273.125℃,只比绝对零度高0.025℃。在如此低温下,谐振器只能有两个状态:要么完全静止,要么拥有一个振动能量子,也就是声子。利用超导线圈,谐振器的振动可以被检测到。此时,整个装置相当于一个"量子麦克风"。反过来,向超导线圈导入电流,可以迫使谐振器发生同步振动。这样一来,如果这个研究小组使超导线圈处于两种状态的叠加态(一种状态下有电流,另一种则没有电流),那么谐振器就会处于振动和不振动的叠加态。

实际上,在振动状态下,谐振器中每个原子的位移都极其微小,还不到一个原子的尺度,因此,处于叠加态的谐振器从未真的同时出现在两个位置上。不过,这项研究的结果仍表明,一个远大于量子尺度的物体(谐振器大概包含10万亿个原子)也能像单个原子那样表现出奇异的量子特性。2010年3月,奥康奈尔在美国物理学会的一次会议上报告了上述结果。这一发现发表在4月1日的《自然》杂志上。

话题五
鬼魅似的远距作用

量子纠缠是一种类似于"心灵感应"的神奇现象：当两个微观粒子发生纠缠时，只要改变其中一个粒子的量子状态，瞬间就可以使另一个粒子的状态发生改变，不论它们相距多远。爱因斯坦曾把"量子纠缠态"称为"鬼魅似的远距作用"，如今量子纠缠已被世界上的许多实验室证实。它不但是量子通信和具有超级计算能力的量子计算机的基础，甚至还能提高照相机的成像精度。

超长距离
量子纠缠

撰文 | 明克尔（JR Minkel）
翻译 | 刘旸

当两个光子发生量子纠缠时，其中一个发生改变，另一个也会立刻发生同样的改变，不管相距多远。奥地利科学家在相隔144千米的岛屿上实现了两个光子的量子纠缠，这个距离远远打破了原有的记录。

量子纠缠的关联距离正在逐渐加长。在最新的一次演示实验中，科学家在西班牙加那利群岛的两个岛屿之间，实现了光子的量子纠缠。当两个光子发生纠缠时，不论它们相距多远，其中一个发生的改变瞬间就会决定另外一个的命运。奥地利维也纳大学的安东·蔡林格（Anton Zeilinger）及其同事利用一束激光，在拉帕尔马岛上生成一对相互纠缠的光子，然后将光子对中的一个光子发射到144千米以外的特内里费岛，并用望远镜进行捕捉。这个距离将纠缠光子在空气中的"飞行记录"延长了10倍。这样的光子也许可以用来传递无法被破译或窃听的加密信息。这个研究小组在2007年3月举行的美国物理学会年会上介绍了他们的此项突破。

相互纠缠的
原子云

撰文 | 明克尔（JR Minkel）
翻译 | 刘旸

美国科学家将单个光子变成一对相互纠缠的光子，然后把它们分别储存在相距1毫米的铯原子云中。当再次把这对光子合成单个光子时，20%的纠缠态被保存了下来。这一数字刷新了以往的实验记录。

美国加州理工学院的科学家将量子纠缠与使光停滞于传播过程中的技术相结合。他们利用光束分离器，把单个光子变成一对相互纠缠的光子，并将这对纠缠态光子以相距1毫米的距离，储存在接近绝对零度的铯原子云中。当他们再将这对光子合成单个光子时，20%的纠缠态被保存了下来。在以往的纠缠实验中，这一效率前所未有。

该实验为实现两个原子云的纠缠，以及利用量子通信在两个原子云之间快速传递量子态奠定了基础。

量子通信

指利用量子纠缠效应进行信息传递的一种新型的通信方式。量子纠缠态的品质会随着传送距离的增加而变得越来越差，因此，如何提纯高品质的量子纠缠态是目前量子通信研究中的重要课题。

维持量子纠缠的
旁门左道

撰文 | 乔治·马瑟（George Musser）
翻译 | 庞玮

处于纠缠态的量子能相互关联，无论相隔多远，但环境的干扰会破坏纠缠态，这个过程被称为"退相干"。将粒子从环境中孤立出来并不能解决退相干问题，科学家们干脆反其道而行之，转而利用环境来维持纠缠态。

当个电子的感觉会不会很棒？那样的话，你就能从量子力学的种种"奇迹"中捞到些好处，如同时身处两地——实在是应对现代生活激烈竞争的利器。令人郁闷的是，物理学家早就泼了盆冷水：他们认为，量子力学只适用于微观世界。

好在这种观点是否正确仍是一个谜。按照过去数十年间发展起来的现代物理学观点，我们在日常生活中看不到量子效应，究其本质不是因为我们的尺度太大，而是因为这些量子效应被其自身极强的复杂性所遮蔽。只要观察得法，就能看到它们，而且物理学家已经逐渐认识到，这些量子效应在宏观世界中出现的频率要比他们想象中高。美国伊利诺伊州立大学的诺贝尔物理学奖得主安东尼·莱格特（Anthony Leggett）说："在量子效应维持的问题上，通常的观点也许太过悲观。"

在这些效应中最引人注目的就是所谓的"量子纠缠"。处于量子纠缠的两个电子之间，会建立起一种类似心灵感应那样超越时间和空间的联系。其实，不仅仅是电子，你和你心爱的人之间也能维系一条量子纽带，无论你们相隔多久、多远。听起来是不是浪漫得一塌糊涂？但凡事皆有反面，粒子天生就来者不拒，和它碰到的每一个粒子都勾勾搭搭。所以，你在街上碰到的每一个人生失意的可怜虫，吹拂在你脸上的每一个空气分子，都会和你建立起量子纽带。于是，你渴望的那条纽带被无数不想要的纽带淹没。纠缠就这样自己搅了自己的局，这个过程被称为"退相干"。

为了能保住量子纠缠并加以利用，如制造量子计算机，物理学家们把爸妈对付情窦初开的少男少女所用的手段全用上了：把粒子从环境中孤立出来，或者监控粒子并及时阻断任何无关的纠缠。当然，物理学家们最终往往也只能像那些爸妈们一样长叹一声。既然我们无法战胜环境干扰，那么为何不反过来利用它呢？用新加坡国立大学和英国牛津大学的物理学家弗拉特科·韦德拉尔（Vlatko Vedral）的话说，"环境可以起到更为正面的作用"。

奥地利科学院量子光学与量子信息研究所因斯布鲁克实验室的蔡建明（Jianming Cai）和汉斯·布里格尔（Hans J. Briegel），以及英国布里斯托尔大学的桑杜·波佩斯库（Sandu Popescu），已经指出了一条利用环境干扰的途

> **量子计算机**
>
> 指一种使用量子逻辑实现通用计算的设备。它是一类遵循量子力学规律进行高速数学和逻辑运算并储存及处理量子信息的物理装置。当某个装置处理和计算的是量子信息，运行的是量子算法时，它就是量子计算机。不同于电子计算机，量子计算机用来储存数据的基本单元是量子位，它使用量子算法来进行数据操作。

径。设想你有一个V形的分子，你能控制它像镊子一般开合。当V形分子合上时，顶端的两个电子发生纠缠。如果你就这样把它一直合着，那么这两个电子最终会在环境粒子的狂轰滥炸下退相干，这样你也就失去了所有重建纠缠的办法。

那该怎么办呢？答案是：打开V形分子，反其道而行之，让这对电子更多地暴露在环境中。如此一来，退相干过程就会让电子回到能量最低的自然状态，即最低能态。然后，你再闭合分子，电子纠缠就能重新建立。只要这个开、合过程足够快，电子之间的纠缠看上去就始终如一，好像不曾被破坏一般。这三位科学家称它为"动态纠缠"，以便与那些必须靠持续隔离环境干扰才能维持下去的静态纠缠相区别。尽管动态纠缠处于振荡之中，但这些科学家说，静态纠缠能做的事情它都能完成。

另一种方法使用了一群粒子，它们的行为整齐划一，整体看上去如同单个粒子。因为这个粒子群存在内部动力学结构，所以能够有多个自然状态（或者说平衡态），对应不同但相似的能量分布。未来的量子计算机可以用这些平衡态，而非单个粒子来储存数据。这个方法最早是阿列克谢·基塔耶夫（Alexei Kitaev）于10年前在俄罗斯的朗道理论物理研究所提出的，现在被称为"被动纠错"，因为这些粒子不需要物理学家主动干预。如果系统偏离了平衡态，环境就会动手帮它们恢复平衡。只有当温度过高时，环境对这群粒子的扰动作用才会大于稳定作用。就像波兰格但斯克大学的米夏·霍罗德茨基（Micha Horodecki）所说，"环境不仅能增添错误，也能纠正错误"。

诀窍就在于，要确保环境纠正错误的速度比增添错误的速度更快。霍罗德茨基和美国麻省理工学院的埃克托尔·邦宾（Héctor Bombín）等提出了这样一套方案，但出于几何方面的原因，该方案只适用于三维以上的空间。最近发表的其他几篇论文则在三维空间中实现了这一诀窍：它们并没有依赖高维空间几何，而是对整个系统施加力场，使平衡偏向于纠错。不过，这样的系统或许无法完成常规运算。

上述研究一反物理学家的常识，暗示纠缠能在宏观的室温体系，甚至鲜活的有机体中维持。美国加利福尼亚大学伯克利分校的莫汉·沙罗瓦日（Mohan Sarovar）评论说："这为我们打开了一扇全新的大门，意味着量子纠缠有可能在生物体系中发挥作用，甚至成为一种资源。"他最近刚刚发现，纠缠或许能助光合作用一臂之力（参见本系列图书《未来地球简史》中《叶绿素发电》一文）。韦德拉尔和新加坡国立大学的伊丽莎白·里佩尔（Elisabeth Rieper）等也发现，在鸟类用来导航的磁性敏感分子中，电子之间维持纠缠的时间要比常规理论的预测值长10～100倍。这样看来，虽然我们或许当不成电子，但活蹦乱跳的生物仍然能从美妙的量子特性中沾一分光。

钻石的
量子纠缠

撰文 | 约翰·马特森（John Matson）
翻译 | 红猪

形成量子纠缠通常需要非常苛刻的实验条件，然而，在最近的一项研究中，物理学家让相距15厘米的两颗钻石发生了量子纠缠。这说明，普通物体在室温下也能发生纠缠。

很久以前钻石就被人们成对使用——如镶在一副漂亮的耳坠上。现在，物理学家已经设法让相距15厘米的两颗钻石发生了量子纠缠。所谓量子纠缠，是指两个或多个物体之间的空间里存在看不见的联系（假设一对相互纠缠的骰子同时掷出，即便相距遥远，也会投掷出相匹配的点数），只是这种联系相当微

弱。因此，物理系统的纠缠实验通常会在高度受控的实验环境中进行——如先将一对孤立原子冷却到接近绝对零度，然后使之发生纠缠。

然而，在最近的一项研究中，英国牛津大学、加拿大国家研究委员会和新加坡国立大学的科学家证明，普通物体在室温下也能发生纠缠。实验对象是两颗人工合成的钻石，边长皆为3毫米。科学家将一道激光分成两束，使之穿过两颗钻石。任何从钻石上散射出的光子都会产生一个声子，声子是晶格振动的能量量子。研究人员会将光子导入一个光子探测器。一旦探测到光子，就说明钻石发生了振动。

"我们知道，探测器里的某个地方有一个声子，"牛津大学的实验物理学家、该研究的参与者之一伊恩·瓦姆斯莱（Ian Walmsley）说，"但我们根本不知道那个声子是来自左边还是右边的钻石，甚至在理论上我们都没法知道。"根据量子力学的观点，这个声子其实不单独属于任何一颗钻石。两颗钻石在这时进入了纠缠态，彼此共有一个声子。

瓦姆斯莱指出，钻石并非量子研究的理想对象，因为它们的纠缠态稍纵即逝。但他也希望，研究者能设法在量子技术中采用更加常见的材料。"我认为，我们的实验为这个方向的研究提供了一个新方案和新例子。"瓦姆斯莱说。

用量子帮你
送口信

撰文 | 明克尔（JR Minkel）
翻译 | 虞骏

量子通信的前提是人类能够储存、释放光子和实现量子纠缠。美国的两个研究小组已经利用原子团捕获和释放了单个光子，第三个小组已经实现了两个原子团的量子链接。

在量子计算和量子通信的一个关键步骤中，两个试验小组已经利用原子团捕获和释放了单个光子，第三个小组已经实现了两个原子团的纠缠。许多量子信息方案都取决于量子位，即光子状态的传输。送入光纤的量子位需要定期纯化，这就意味着储存和释放光子。美国哈佛大学和美国佐治亚理工学院的两个小组各自独立地实现了这个目标。他们从铷原子的一个相干量子系综中产生出单个光子，并且将它们送入第二个原子系综中。这些系综可以在一个激光脉冲

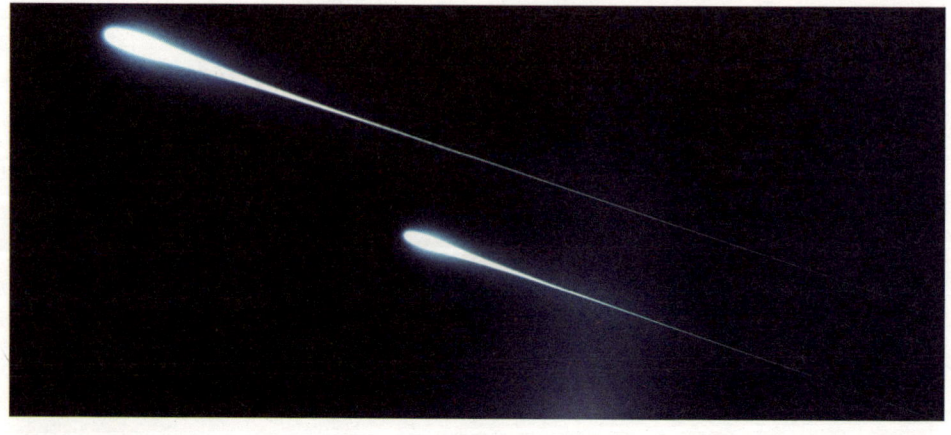

的作用下变得不透明，从而俘获或储存光子；也可以在另一个脉冲的作用下变得透明，从而释放光子。所有这些都不会减弱光子的量子性能。第三个小组由美国加州理工学院的研究者领导，他们使相隔一个房间的两个系综实现了纠缠，在它们之间创造了一个量子链接。这样的纠缠是传输信号的另一个前提。
（详情请查阅2005年12月8日的《自然》杂志。）

离子的
天赋

撰文 | 格雷厄姆·科林斯（Graham P. Collins）
翻译 | 王俊

> 奥地利研究人员先用一个电磁势阱将8个钙离子排成一行，再用激光束使它们处于一个特殊的量子态，即所谓的W纠缠态。在这种状态下，8个钙离子被巧妙地关联在一起。这种状态在量子计算机的纠错方案中是有用的。

为了能建造一台可以利用量子力学的奇特优越性进行运算的计算机，物理学家们正在对多个全新的技术展开研究，包括超导装置、基于光子的系统、量子点、自旋电子学及分子核磁共振。然而，在最近几个月，从事原子离子俘获的研究小组向人们展示了几个具有里程碑意义的成果，这使得其他几项技术有了紧迫的竞争压力。

量子计算机操纵的是量子位，而不是普通的比特。一个量子位可以不只是0或者1，也可以是二者的叠加。在这种状态下，0态和1态的部分被组合为单一的状态。

多量子重叠中的一个重要类型就是纠缠态。在这种状态下，每个量子位的状态都通过一种奇妙的方式与伙伴的状态相联系。这一联系被爱因斯坦称为"鬼魅似的远距作用"。例如，当对一个所谓的"薛定谔猫"的状态进行测量时，所有的量子

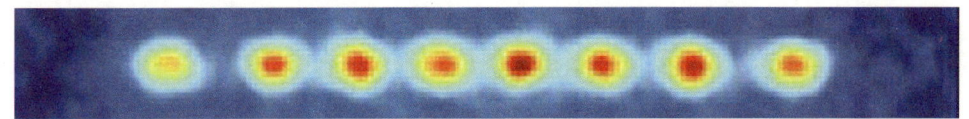

纠缠：维持在一个势阱中的8个钙离子处在一种特殊的量子态下，即所谓的W纠缠态。在这种状态中，它们的状态被巧妙地关联在一起。这种状态在量子计算机的纠错方案中是有用的。随着粒子数的增加，纠缠态的实现和维持会变得越来越困难。

位都将给出相同的结果——0或者1，尽管结果到底是0还是1是完全随机的。"薛定谔猫"这个名词来自于一个著名的思想实验，其中0和1分别对应于猫的死与活，单独的量子位就是猫身体中的粒子。

猫态是量子位纠错技术的基石。由于量子位的状态实在是太脆弱了，它的出错不可避免地给所有实现量子计算的标准途径带来了麻烦。

位于美国科罗拉多州博尔德市的美国国家标准与技术研究院的研究人员，在戴维·瓦恩兰（David J. Wineland）和迪特里希·莱布弗里德（Dietrich Leibfried）的领导下，已经实现了包括4～6个铍离子的猫态。他们先用一个电磁势阱将离子在真空中排成一行，再通过激光来操纵它们的状态。研究小组估计，他们的6离子猫态维持了约150微秒。

在奥地利，因斯布鲁克大学的雷纳·布拉特（Rainer Blatt）和哈特姆特·海夫纳（Hartmut Haeffner）及其同事也依靠一种类似的技术，实现了一个由8个钙离子构成的纠缠态。这一实验实现的是一个"W态"，而不是一个猫态。W态在很多方面要比猫态更稳定。例如，当一个离子从一个W态中跑掉之后，剩下的离子仍然处在一个W态中。而从一个猫态中跑掉一个离子就会破坏掉整个状态。

两个实验的一个共同重点在于，原则上，这些技术都可以组合大量的离子。不过，将这些方法扩大规模的一大障碍就是：纠缠态的质量会随着离子数的增加而下降。为了降低出错的概率，科学家们可以对激光脉冲进行细致的调整，用不同的离子状态来代表0和1，或者再结合采用另一种不同的离子。

对于一台实用的量子计算机来说，它不仅要能实现特殊的量子位态，而且

话题五　鬼魅似的远距作用

要在维持其量子特性的条件下对它进行操作。也就是说,必须能在计算机上进行量子运算。在克里斯托弗·门罗（Christopher Monroe）和凯西-安妮·布里克曼（Kathy-Anne Brickman）的领导下,美国密歇根大学安阿伯分校的一个研究小组已经在一个由两个被束缚住的镉离子组成的系统中,实现了一种被称为格罗弗量子搜索的算法。

搜索算法在一个条目随机排列的数据库中搜索。查找一个特定的项目时,通常需要逐项搜索。量子搜索算法则快得不可思议,因为量子计算机可以在一个叠加状态下,同时对数据库中所有的条目进行搜索。数据库越大,这种加速就越引人注目。例如,100万条目的数据库,只需要进行约1,000次量子查找,而不是整整100万次。

安阿伯分校的实验是对一个相当于有4个条目的数据库进行操作。4个条目由2个量子位来表示。研究人员表示,他们的系统可以进行扩大,以包含更多的量子位。

正如门罗所说:"很多人都感到,在建造大规模量子计算机的征途中,离子阱（用来俘获离子的电磁势阱）远远地走在了其他技术的前面。"这些成果的大量涌现毋庸置疑地说明了这一点。

规模扩大

原子离子实验通常采用特别设计的庞大电磁势阱把离子约束在真空中。这虽然适合于包含少量离子的实验,但对于使用量子计算机这样的大规模系统来说,却是非常不现实的。如今,密歇根大学安阿伯分校的研究人员克里斯托弗·门罗、丹尼尔·斯蒂克（Daniel Stick）及其合作者向人们展示了一种集成在半导体晶片上、仅有100微米大小的离子阱。他们用这块晶片俘获了单个镉离子,并通过电极上施加的电信号使它在势阱中移动到不同的位置。这个势阱是采用标准半导体平版印刷工艺制成的,因此,门罗表示,利用现有的技术可以将它扩展到拥有成百上千个电极。

量子照明提升
成像精度

撰文 | 蔡宙（Charles Q. Choi）
翻译 | Kingsmagic

闪光灯闪过之后，从被拍摄物体反射回来的光和从其他物体反射回来的光都是成像信号，会使照片变得不清晰；如果闪光灯发出的是纠缠光子，照相机就能通过反射光子与机器内对应的纠缠光子配对，轻松地过滤掉干扰信息。

"鬼魅似的远距作用"是爱因斯坦对量子纠缠概念的著名描述。处于纠缠态的物体能相互关联，无论相隔多远都可以瞬间影响对方。现在，一些科学家提出，这种"鬼魅似的作用"甚至能"阴魂不散"——即便物体之间的关联被破坏，它仍能发挥作用。

量子纠缠是量子计算和量子编码的基础。在此类研究中，物理学家一般借助成对光子进行实验。理论上，无论光子对中的两个光子相隔多远，测量其中一个立即会对另一个产生影响。目前（本文刊于《环球科学》2009年第3期），光子相隔距离的最远记录是144千米：一个光子在西班牙加那利群岛的拉帕尔马岛，另一个则在特内里费岛。

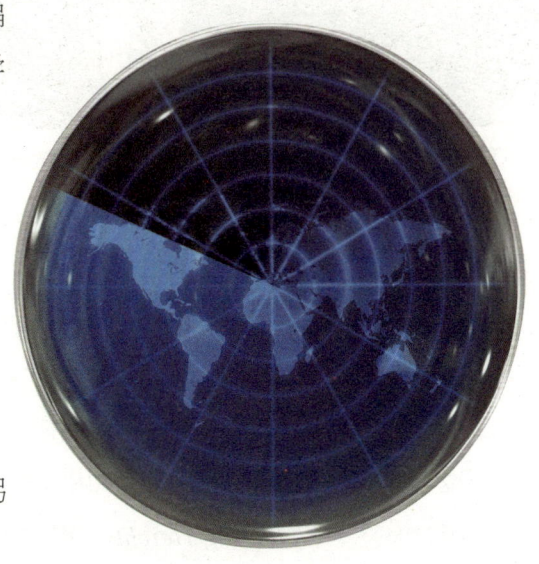

话光准备，镜头准备……纠缠！理论上，如果闪光设备发出的是纠缠光子，照相机拍出的照片的清晰度将显著提升。

在实际操作中，纠缠是一种极端复杂的情况。背景干扰随时会破坏纠缠态，这是量子计算的一大障碍，因为量子计算只能在纠缠态下进行。美国麻省理工学院的量子物理学家塞思·劳埃德（Seth Lloyd）破天荒地指出，纠缠的"记忆"能逃过被破坏的命运。他用艾米莉·勃朗特（Emily Bronte）的小说《呼啸山庄》（*Wuthering Heights*）里的人物来描述这种效应：凯瑟琳的鬼魂可以通过阴间的一束闪光，与她心爱的量子希斯克利夫交流。

发现这一现象时，劳埃德正在研究如果把纠缠光子用作光源，会发生什么情况。我们可以推测，纠缠光子将有助于成像：普通照相机发出闪光后，会利用从被拍摄物体反射回来的光子成像，但其他物体也会反射光子，让照相机误认为这些光子也是成像信号，结果使照片变得不清晰；如果闪光灯发出的是纠缠光子，照相机就能通过反射光子与机器内对应的纠缠光子配对，轻松地过滤掉干扰信息。

由于纠缠态非常脆弱，劳埃德并没有指望量子照明能派上用场。但他回忆说，因为渴望获得美国国防部高级研究项目局"噪声环境下传感器成像项目"的资助，他决定"硬着头皮做下去"。令劳埃德感到惊讶的是，他在评估量子照明的可行性时发现，这种技术不仅可行，而且"要想完全发挥量子照明的优势，就必须破坏所有的纠缠"。

劳埃德承认，这个发现让他感到费解。其实不只是他，美国西北大学的量子物理学家普雷姆·库马儿（Prem Kumar）在看到劳埃德的评估之前，对量子照明的优势也持怀疑态度。库马儿说："大家都想弄明白这是为什么。如果纠缠已不存在，但你又能从纠缠中获益，那就该理论学家出场，去考虑这些收益是由纠缠带来的，还是另有其他因素在起作用。"

劳埃德的意见或许是一种可能的解释：尽管从技术上来说，光子之间的纠缠已完全消失，但纠缠的某些痕迹也许保持到测量后才消失。他说："你可以将这些光子想象成不同状态的混合体，其中大部分状态都不再纠缠，但某一个或某几个状态仍保持纠缠，正是这几个状态起到了关键作用。"

劳埃德认为，如果量子照明技术可行，就可以使雷达、X射线成像系统、光通信和显微技术的灵敏度提升100多万倍。此外，利用该技术还可以制造更为隐蔽的军用监视设备，这些设备只需要很微弱的信号就能正常运行，因此，可以轻松逃避敌人的搜查。2008年9月12日，《科学》杂志刊登了劳埃德及其同事关于量子照明的理论文章。后来他们又以这篇文章为基础，在《物理评论快报》上发表文章，详细阐述了量子照明的可能应用。

话题五 | 鬼魅似的远距作用

不过，要在实验中证实量子照明效应难度并不小。在整个实验中，最容易的部分是制造纠缠光子：让一束光线穿过特制的下变频晶体（相当于分光器），产生两束相互独立的关联光线，其中一束用于照射物体，另一束作为参考光线。当两束光线反向通过下变频晶体时，便会重新合并，而其中相互纠缠的光子更容易结合在一起，即上变频。但要证实量子照明可提升成像精度，就必须使用微弱光信号，难题就出在这里：因为从技术上来说，制造能使微弱光线以高效率发生上变频的材料是一个巨大的挑战。尽管如此，那时劳埃德仍预言，相关实验可能在2009年年内开展。

库马儿认为，除了能提高成像精度以外，量子照明或许还有助于量子计算和量子编码研究，"量子世界复杂而诡异，但量子照明效应的发现说明，这个世界的每个角落无时无刻不隐藏着惊奇"。

上变频

将具有一定频率的输入信号，改换成具有更高频率的输出信号（通常不改变信号的信息内容和调制方式）的过程。在超外差式接收机中，如果经过混频后得到的中频信号比原始信号高，那么此种混频方式就叫作上变频。

下变频

将具有一定频率的输入信号，改换成具有更低频率的输出信号（通常不改变信号的信息内容和调制方式）的过程。在超外差式接收机中，如果经过混频后得到的中频信号比原始信号低，那么此种混频方式就叫作下变频。

话题六
该死的粒子，你到底在哪里

希格斯机制可以解释为什么有的基本粒子有质量，有的没有，但人类一直没有找到该机制所预言的希格斯玻色子。美国物理学家、1988年诺贝尔物理学奖获得者利昂·莱德曼（Leon Lederman）在《上帝粒子》中写道："宇宙中有一个无所不在、幽灵一样的大坏蛋，正在阻止我们理解物质的真正本质……"莱德曼给它取名"该死的粒子"，被出版商改成"上帝粒子"。2012年7月4日，欧洲核子研究中心大型强子对撞机研究组宣布探测到疑似希格斯玻色子的粒子，9个月后再次确认这一发现。苦等了48年之后，希格斯终于因此获得诺贝尔物理学奖。

寻找
希格斯粒子

撰文 | 亚历山大·埃勒曼（Alexander Hellemans）
翻译 | 王栋

希格斯粒子是粒子物理标准模型预言的一种粒子，被称为"上帝粒子"。这种粒子始终没有被人类发现。欧洲的大型强子对撞机和美国费米实验室的万亿电子伏特加速器正在展开竞赛，看谁能先找到这种粒子的行踪。

几个月后（本文刊于《环球科学》2007年第4期），世界上最大的加速器——大型强子对撞机（Large Hadron Collider，LHC）将在日内瓦附近的欧洲核子研究中心开始运转。但在若干年内，它的风头很难盖过美国费米实验室（位于伊利诺伊州的巴达维亚市）的万亿电子伏特加速器（Tevatron）。因为在万亿电子伏特加速器上，人们似乎找到了独立的顶夸克——2006年12月，这

上帝粒子

粒子物理标准模型的建立是20世纪物理学的重大成就之一，能解释粒子如何通过电磁力、弱核力和强核力的相互作用组成宇宙中的物质。该模型所预言的许多基本粒子已经被实验室发现并证实，然而，它的理论基石——希格斯粒子却始终没有被人发现。按照标准模型的假设，希格斯粒子是物质的质量之源，其他粒子在希格斯粒子构成的"海洋"中游弋，受到希格斯粒子的作用而产生惯性，这才拥有了质量。在这一基础之上，所有的粒子相互作用，统一于标准模型之下，构筑出大千世界。因为上帝创造了万物，所以构建万物质量的基石——希格斯粒子——也就被称为"上帝粒子"。

费米实验室的主注入环（近端）将经过加速的粒子送入万亿电子伏特对撞环（远端）。对撞环直径2,000米，位于10米深的地下。粒子的碰撞产生了独立的顶夸克。

话题六 | 该死的粒子,你到底在哪里

一发现被公之于众。多年来,科学家一直在苦苦寻找希格斯粒子,迄今一无所获。独立顶夸克的现身,有助于缩小希格斯粒子的搜索范围,有可能使费米实验室在这场"寻宝大赛"中占得先机。

1995年,费米实验室的科学家在正反质子的对撞中,首次发现了顶夸克,这是6种夸克中最重、最神秘的一种。正反质子的对撞同时产生了顶夸克和它的反粒子——反顶夸克。正反顶夸克通过强核力结合在一起,形成正反顶夸克对。根据粒子物理的标准模型,顶夸克也有极小的概率在粒子碰撞中通过弱核力而产生。强核力可以将夸克束缚在一起,弱核力则会引发放射性衰变,还会使夸克从一种"味"变成另一种"味"。不过,这种由弱核力产生的顶夸克可以单独出现,而没有反顶夸克伴随左右(另一种不同的反夸克——反底夸克,会和顶夸克一起出现)。

独立的顶夸克不仅产量极少,特征也不够明显。美国加利福尼亚大学河滨分校的物理学家安·海因森(Ann Heinson)说:"那些看起来很像是独立顶夸克的粒子信号,总是处于很强的本底噪声信号之中,让人难以分辨。"海因森是DZero研究小组的领导者之一,这个小组和另一个研究团队都在利用万亿电子伏特加速器寻找独立的顶

> **顶夸克的确认过程**
>
> 在2002年以来的上万亿次碰撞中,费米实验室万亿电子伏特加速器的DZero研究小组发现了62例记录到独立顶夸克出现的事件。德国卡尔斯鲁厄大学的托马斯·米勒(Thomas Müller)说:"数据必须经过至少两次,甚至三次反复确认,才能真正为科学研究所用。"他是费米实验室CDF研究组的成员,这个研究组也在万亿电子伏特加速器上寻找独立的顶夸克。DZero研究小组的成员安·海因森预计,不出一年,DZero研究小组就能够分析足够大量的数据,确凿无疑地辨别出一个独立顶夸克。

夸克。

在2002年以来记录的上万亿次粒子对撞中，DZero小组目前已经识别出62例似乎有独立顶夸克出现的事件。尽管算不上确凿的证据，但这些数据仍然大大增强了研究人员的信心，他们希望击败欧洲核子研究中心的大型强子对撞机，用万亿电子伏特加速器率先捕捉到希格斯粒子。希格斯粒子是粒子物理标准模型预言的一种粒子，又被称为"上帝粒子"，它可以解释为什么质子、中子和其他物质会拥有质量。

探测独立的顶夸克被视作利用万亿电子伏特加速器寻找希格斯粒子的一场预演。DZero希格斯物理研究组的另一位领导者、法国巴黎大学的格雷戈里奥·伯纳迪（Gregorio Bernardi）说："如果希格斯粒子拥有相对较小的质量，它的衰变特征就会与独立顶夸克类似——衰变成一个W粒子、一个底夸克和一个反底夸克。"这种相似性使该小组可以把探测独立顶夸克所用的先进分析技术应用于搜寻希格斯粒子。海因森补充说："对于独立顶夸克的本底信号（指影响测量的背景干扰信号），我们改进了分析与建模的方法，这些进步都可以直接套用到对希格斯粒子的探测上。"在本底噪声信号方面，万亿电子伏特加速器比大型强子对撞机更有优势。在万亿电子伏特加速器中，质子与反质子对撞，因此，它们的组成成分——夸克和反夸克也会直接相撞。而在大型强子对撞机中，质子与质子发生对撞。虽然夸克最终会与反夸克相撞，不过，这个反夸克出现在一片正反夸克对不断出现和消失的虚粒子海洋之中——这无疑

虚粒子

在量子力学中指永远不能被直接检测到、但确实存在可测量效应的粒子。虚粒子不是为研究问题方便而人为引入的概念，而是一种客观存在。根据不确定性原理，时间和能量是一对共轭量，其中一个量被定义得越准确，另一个量就越不准确。也就是说，在真空中一个极短的时间内会出现极大的能量起伏，从这种能量起伏产生的粒子就是虚粒子。当能量恢复时，虚粒子湮灭。

话题六 | 该死的粒子，你到底在哪里

增加了数据分析的难度。

从目前看来，万亿电子伏特加速器进展顺利。2007年1月，费米实验室碰撞探测器（Collider Detector at Fermilab，CDF）国际合作研究组宣布，他们将W粒子的质量限定在0.06%的误差范围以内，这是迄今测得的最好结果。对W粒子质量的最新测定，将希格斯粒子的质量上限从1,660亿电子伏特降到1,530亿电子伏特，因此，希格斯粒子的质量处于其质量下限1,140亿电子伏特附近的可能性有所增加。根据爱因斯坦的质能方程，能量等价于质量，因此，1亿电子伏特就相当于1.79×10^{-28}千克。

CDF研究组成员、意大利帕多瓦大学的托马索·多里戈（Tommaso Dorigo）指出，如果希格斯粒子的质量接近1,140亿电子伏特，大型强子对撞机找到希格斯粒子的难度就会比万亿电子伏特加速器更大。大型强子对撞机需要探测由希格斯粒子衰变产生的两个γ光子，它们往往处于强烈的本底噪声信号中。而万亿电子伏特加速器要探测的则是，希格斯粒子衰变产生的底夸克和反底夸克，难度要小得多。

不过，费米实验室也许无法发现质量超过1,300亿电子伏特的希格斯粒子，因为万亿电子伏特加速器的对撞能量只有大型强子对撞机的1/7。欧洲核子研究中心的实验物理学家戴维·普拉内（David Plane）解释说，如果希格斯粒子真有这么重的话，大型强子对撞机很快就能找到它们。不过，普拉内也承认："在寻找较轻的希格斯粒子方面，万亿电子伏特加速器几乎是无可替代的，这一情况至少可以维持到2010年以后。"

碰撞粒子
一网打尽

撰文 | 达维德·卡斯泰尔韦基（Davide Castelvecchi）
翻译 | Kingmagic

为了找到"通缉"了很久的希格斯粒子，传统思路是利用大型强子对撞机产生重粒子并捕捉其衰变产生的特殊信号。而一种新的思路是利用计算机程序分析所有数据，并与粒子物理标准模型的预测进行比对。

经历过2008年首次启动的失败，大型强子对撞机终于在2009年10月开始了它的实验之旅。这个由欧洲核子研究中心在日内瓦附近建造的宏伟工程是一台新一代原子粉碎机，它最终或许撞不出暗物质、迷你黑洞或其他奇形怪状的东西，但无论结果是什么，要将它们分辨出来都是一项极为艰巨的任务。一种目前尚存争议的数据处理方案也许能够助物理学家一臂之力，确保没有任何漏网之鱼。

无论是大型强子对撞机，还是万亿电子伏特加速器之类的其他加速器，都是先将质子或其他粒子加速到非常接近光速，接着让它们在碰撞中

大型强子对撞机开机运行

2008年9月10日，第一批质子被导入大型强子对撞机的环形隧道，宣告人类历史上最大规模的高能物理实验正式启动。大型强子对撞机可以把质子加速到光速的99.9999991%，再让它们迎头相撞，使巨大的能量挤压在极小的空间范围内，以重现宇宙大爆炸最初几微秒的极端环境。科学家预计，大型强子对撞机可能发现粒子物理标准模型的预言中尚未被发现的最后一种粒子——希格斯粒子，还有可能揭开宇宙中暗物质的本质，甚至找到四维空间以外还有其他维度存在的证据。

话题六 | 该死的粒子，你到底在哪里

碎裂。多亏了爱因斯坦的质能方程$E = mc^2$，碰撞中的一部分能量会转变成罕见的重粒子，又几乎在产生的一瞬间衰变成数以百计更为常见的粒子（我们已经知道的常见粒子多达好几十种）。大型强子对撞机开机运行上的巨大探测器能够记录这些粒子碎片的运动轨迹，并以相当于每秒刻满一张CD光盘的速度输出数据。

物理学家将在如此海量的数据中，搜寻重粒子衰变产物的特定组合，这是碰撞中产生过新粒子的线索。他们将寻找希格斯玻色子的踪迹，科学家认为这种被"通缉"了很久的粒子给其他所有粒子赋予了质量。他们还将寻找一类全新的粒子，能够让我们首次有机会窥探更高能标下的物理规律。

传统的数据搜寻方法类似于用计算机程序在文档中查找字母组合H-I-G-G-S，一些人担心这种方法会让我们错过一些前人没有预料到的新奇线索。多年来，费米实验室的布鲁斯·克努特森（Bruce Knuteson）和斯蒂芬·姆赖瑙（Stephen Mrenna）一直主张用一种更"整体"的方案来代替传统方法，他们称之为全局搜索。他们没有去寻找个别特殊信号，而是编写了一个计算机程序，来分析所有数据，并与粒子物理标准模型的预测进行比对。标准模型囊括了目前已知的所有粒子物理法则，因此，这个程序标出的任何偏离标准模型的信号都可能暗示碰撞产生过新粒子。这就好比不是为了搜寻某个单词而在一大堆文本里查找，而是把其中出现的所有单词逐一拿来和手头的词典比对，标出那些看上去没有被词典收录的外来词汇。

有时，常见粒子的相互作用也会表现得比较奇特，很像有其他更有趣的粒子参与其中。为了减少这类事件引起的误报，物理学家可以在程序中设定一个阈值，只有当特殊事

件出现的次数超过这个值时，程序才会提醒实验者可能发现了新粒子。"这么做是考虑到我们会在许多不同位置展开搜寻这一事实。"克努特森解释说。

克努特森、姆赖瑙和其他同事一起，对万亿电子伏特加速器取得的旧数据展开了全局搜索。理论上，这些数据中可能隐藏着常规搜索并未触及的异常粒子。这个研究小组没有发现任何具有统计学意义的异常现象，因此，他们没有公布任何新的发现。不过，这并不意味着徒劳无功，起码表明全局搜索不像某些物理学家所担心的那样会经常误报。现在已经淡出学术前沿的克努特森说，这些结果代表了迄今为止对标准模型的最严格检验。2009年1月的《物理评论D卷》（*Physical Review D*）公布了这些结果。

英国牛津大学的物理学家路易斯·莱昂斯（Louis Lyons）认为，克努特森小组的统计结果是可靠的，不过加拿大多伦多大学的佩卡·西内尔沃（Pekka Sinervo）对此表示怀疑。这位参与过万亿电子伏特加速器和大型强子对撞机开机运行实验项目的物理学家指出，"那些研究者不得不把许多目前仍知之甚少的效应'扫到地毯下面'，不对它们进行直接处理"，这意味着全局搜索本身就会产生大量难以解释的信号。尽管他不否认全局搜索可能有些用处，但不能用这种方法替代对个别特殊现象进行的有目的搜寻，他"不相信有谁能用这种方法在大型强子对撞机上有任何初步的发现"。

"这种说法或许没错，"德国弗赖堡大学的物理学家萨沙·卡伦（Sascha Caron）评论说，"不过自从克努特森10年前首次提出这个概念以来，粒子物理学界的许多人都开始热心于全局搜索。"卡伦及其同事也开发出了他们自己的搜索软件，他们称之为通用搜索。这套搜索软件目前正在德国汉堡电子同步加速器（DESY）实验室的一个试验项目上运行，他们还计划将该软件用于大型强子对撞机开机运行。

姆赖瑙指出，对万亿电子伏特加速器数据进行全局搜索的经验能帮助物理学家理解如何来解释数据，例如，探测器如何跟不同的粒子发生作用。因为各个实验小组之间几乎不交流实验记录，所以他们对探测器反应机制所持的假设可能相互抵触。姆赖瑙说："如果着眼于全局，那就一切皆有意义。"

成群结队的
粒子

撰文 | 阿米尔·阿克塞尔（Amir D. Aczel）
翻译 | 庞玮

尽管运行6个月后，大型强子对撞机在探测希格斯粒子上仍无建树，但一个有趣的现象引起了物理学家的注意——2个质子对撞通常会产生至少110个新粒子，科学家们发现这些产物粒子似乎都朝同一个方向飞射。这是什么原因？

位于日内瓦的大型强子对撞机投入运行6个月之后，神秘的希格斯玻色子仍不见踪迹，有关暗物质起源和时空隐藏维度的探索也没有任何头绪。虽然在这些被寄予厚望的目标上大型强子对撞机尚无建树，一个非常有趣的问题却在运行中浮现出来。2011年2月，假期停止运行的大型强子对撞机重新启动，科

学家会对此一探究竟。2010年夏天，物理学家发现，在大型强子对撞机的质子对撞产物中，一些粒子的飞行轨迹似乎有某种协同性，就像一群阵形整齐的候鸟一般。大型强子对撞机上两大常规实验设备之一CMS（Compact Muon Solenoid，紧凑型μ子螺旋磁谱仪）的发言人圭多·托内利（Guido Tonelli）称，这种现象极为反常，"在确认它并非假象之后，我们就一头扎进了这个问题中"。

大型强子对撞机展示的现象非常微妙，2个质子对撞通常会产生至少110个新粒子，科学家发现这些产物粒子似乎都朝着同一方向飞射。美国麻省理工学院的弗兰克·维尔切克（Frank Wilczek）说，这样的高能质子对撞可能揭示出"质子内部新的深层结构"。另一种可能是，粒子内部具有比目前所知更为丰富的关联。"以如此之高的能量碰撞，相当于我们在用前所未有的快门和分辨率给质子拍快照。"维尔切克这样解释大型强子对撞机的作用。

根据维尔切克和同事提出的一个理论，在用大型强子对撞机这么高的分辨率去看质子时，你会看到一团稠密的胶子介质。胶子是一种无质量粒子，在质子和中子内部发挥作用，控制着夸克的行为方式。要知道，所有质子和中子都是由夸克构成的。"有可能是这样，"维尔切克说，"这团介质中的胶子通过相互作用彼此关联，而这些相互作用又在碰撞中被传递到了新粒子身上。"

紧凑型μ子螺旋磁谱仪

简称CMS，是欧洲核子研究中心建造的、世界上能量最高（对撞能量达14万亿电子伏特）的大型强子对撞机的一部分。大型强子对撞机建造经费达25亿瑞士法郎（约合160亿元人民币），包括四个大型探测器：紧凑型μ子螺旋磁谱仪（CMS）、LHC超导环场探测器（ATLAS）、大型离子对撞机实验探测器（ALICE）和底夸克探测器（LHCb）。大型强子对撞机旨在利用先进的超导磁铁和加速器技术，获得高能量和高性能束流，寻找理论上预言的希格斯玻色子、超对称伙伴粒子，和对顶夸克及底夸克进行系统研究。而其中CMS和ATLAS的主要物理目标是寻找希格斯玻色子、研究CP破坏（指在弱相互作用下宇称不守恒）和超对称。

话题六 | 该死的粒子，你到底在哪里

　　质子是宇宙中最常见的粒子之一，科学家曾认为我们已经对它的性质了如指掌。如果上述现象被大型强子对撞机研究组的其他物理学家证实，则无疑会成为关于质子的又一项惊人发现。

希格斯玻色子
的意义

撰文 | 罗伯特·加里斯托（Robert Garisto）
　　　阿布舍克·阿加瓦尔（Abhishek Agarwal）
翻译 | 王栋

2012年7月4日，大型强子对撞机研究组宣布发现了一种新粒子，但目前尚不能确定这种新粒子就是粒子物理标准模型中的"上帝粒子"——希格斯粒子。新粒子与理论预言并不完全吻合，难道还有一些更深层的效应存在？

2012年7月4日，当欧洲核子研究中心的大型强子对撞机研究组宣布发现了一种新粒子时，他们并没有称之为"希格斯玻色子"。这并不仅仅是因为科学家们特有的谨慎，它还意味着，这一声明标志着一个意义深远的时刻的到来。我们抵达了一个长达数十年的理论、实验和技术"长征"的终点，而同时，这又是物理学新纪元的起点。

对这种粒子的探寻，始于英国爱丁堡大学物理学家彼得·希格斯（Peter Higgs）在1964年发表的一篇论文中的描述。在当时，描述所有已知基本粒子的理论（现称为粒子物理标准模型）才刚刚开始建立。标准模型提出了数百条可经实验证明的预言，并且在它出现后的几十年里，每次实验的结果都证明了其正确性。希格斯玻色子是标准模型这个"拼图"中缺失的最后一块，它能将现在所有已知的物质粒子（费米子）和传递力的粒子（玻色子）联系到一起。它为我们描绘了一幅亚原子世界如何运作的引人入胜的画面，但我们还不知道，这幅画是否仅仅是更为广阔的画面中的一部分。

标准模型部分基于电弱对称性，这种对称性将电磁力和弱核力统一了起

话题六 | 该死的粒子，你到底在哪里

> **零自旋场**
>
> 指描述自旋为0的粒子运动规律的场。在量子力学中，自旋与质量、电荷一样，是粒子的内在属性。自旋为0的粒子从各个方向上看都一样，就像一个点；自旋为1的粒子在旋转360°后看起来一样。物理学家根据自旋大小将粒子分为两类：具有半整数自旋（如1/2、3/2等）的粒子被称为费米子（如电子）；具有整数自旋（如0、1等）的粒子被称为玻色子（如光子）。

来。然而，传递这两种力的粒子质量相差巨大，显示出对称性的破缺。这就需要理论物理学家们来解释这两种力之间为什么会存在如此大的差距。1964年，在《物理评论快报》上，分别由希格斯、弗朗索瓦·恩格勒特（François Englert）和罗伯特·布鲁（Robert Brout），杰拉尔德·古拉尔尼克（Gerald Guralnik）、卡尔·哈根（Carl Hagen）和汤姆·基布尔（Tom Kibble）发表的三篇不同的论文，向我们展示了一片无处不在的"量子海洋"。它被称为"零自旋场"，能够解决对称性破缺的问题。希格斯提到，这片海洋中存在的波动对应着一种新粒子——一种后来以他的名字命名的玻色子。

作为标准模型的关键之钥，这种粒子或许是最难被发现的——它需要建造更大的对撞机来产生足够数量、足够高能量的碰撞。然而，即便完成了标准模型，也并没有解决粒子物理学的全部问题。实际上，希格斯粒子的发现或许指引了一条道路，让我们能抵达这一宏伟理论之外更为广阔的领域。

实验物理学家们仍需要进一步确认，这种新粒子的确是零自旋的希格斯玻色子。下一步，他们必须以极高的精度测试希格斯粒子如何同其他粒子相互作用。直到撰写这篇报道时，它的耦合行为同理论预言还不是十分吻合，这或许只不过是统计波动，也可能是还有一些更深层效应存在的迹象。与此同时，实验物理学家们还需要继续测量记录数据，来看看是否有不止一种希格斯玻色子存在。

这些测量都很重要，因为理论物理学家们已经建立起许多假想模型，以将

标准模型置入一个更广阔的物理框架中,而且这些假想模型中的许多都预言了多种希格斯粒子的存在,或同一般耦合行为的偏差。这些模型涉及额外的费米子和额外的玻色子,甚至空间的额外维度。最受关注的更大尺度的理论框架是超对称性,它假想每一种已知的费米子都有一个未被发现的伴随玻色子,每一种已知的玻色子都有一个未被发现的伴随费米子。如果超对称性正确的话,将存在不止一种希格斯玻色子,而是至少五种。所以,我们只是刚刚开始探索一个全新的领域。

超对称理论 "穷途末路"？

撰文 | 达维德·卡斯泰尔韦基（Davide Castelvecchi）
翻译 | 王栋

为了解答粒子物理标准模型无法解决的问题，理论物理学家提出超对称理论，让每一种费米子和玻色子各自拥有一个"超对称伙伴粒子"。大型强子对撞机应该具备制造超对称伙伴粒子的能力，然而，直到现在，科学家们依然一无所获。

作为能够描述基本粒子的完整理论"王国"，物理学家构想出的超对称理论迄今已有数十年历史了。它能完美解答目前粒子物理标准模型无法解决的谜题，如宇宙中的暗物质究竟是什么。然而，现在，有人对这一理论产生了怀疑，因为人类历史上最强大的对撞机——大型强子对撞机，至今没有发现任何可以揭示未知物理机制的新现象。尽管在大型强子对撞机上进行的研究才刚刚起步，但一些理论物理学家仍忍不住要问：如果最终发现超对称根本不存在，物理学将何去何从？

"无论怎么找，我们就是什么也发现不了。这就意味着，我们没有发现任何与标准模型相左的现象。"LHC超导环场探测器（A Toroidal LHC Apparatus，ATLAS）的领军科学家、意大利国家核物理研究院帕维亚分部的贾科莫·波莱塞洛（Giacomo Polesello）说。像高楼大厦一样的ATLAS是大型强子对撞机加速环上的两台通用探测器之一，由3,000多位来自不同国家的研究人员建造并维护运行。而根据2012年3月在意大利阿尔卑斯山举行的学术会议上公布的最新消息，另一台探测器——紧凑型μ子螺旋磁谱仪同样没有任何发现。

20世纪60年代，理论物理学家提出了超对称理论，以期将自然界中的两类基本粒子（费米子和玻色子）联系起来。粗浅地说，费米子是物质的组成部分（电子就是一个典型例子），而玻色子是基本作用力的携带者（如电磁相互作用中的光子）。超对称理论将为每一种已知的玻色子配上一个重的费米"超对称伙伴粒子"（简称"超伴子"）；而每一种已知的费米子也会有一个重的玻色超伴子。"这将是我们对这个世界做出终极解释的下一步，在那里，一切都是对称和完美的。"美国斯坦福直线加速器中心国家加速器实验室的理论物理学家迈克尔·佩斯金（Michael Peskin）解释说。

位于瑞士日内瓦附近的大型强子对撞机是欧洲核子研究中心的顶级对撞机，应该具备制造这类超伴子的能力。现在，大型强子对撞机已经将撞击质子的能量从2011年的3.5万亿电子伏特提高到4万亿电子伏特。碰撞后，这一能量会分布到构成质子的夸克和胶子中，因此，碰撞能够制造出质量相当于1万亿电子伏特能量的新粒子。然而，虽然科学家赋予了它极高的期望值（而且能量值也不低），大自然却仍然拒绝合作，至少到目前为止是这样：大型强子对撞机的物理学家一直在寻找新粒子的痕迹，却一无所获。如果超伴子确实存在，那么它们必定比许多物理学家预计的更重。"坦率地讲，"波莱塞洛说，"目前的情况是，我们已经推翻了很多简单模型。"他的同事——美国劳伦斯伯克利国家实验室的伊恩·辛奇利夫（Ian Hinchliffe）也附和道："看看已经被排除在外的质量范围和粒子种类，它们的数量已经相当可观了。"

大多数理论物理学家并没有因此而沮丧，佩斯金说："仍有一些颇为可行

话题六 | 该死的粒子，你到底在哪里

的途径可以用来构建超对称模型。""仅仅采集了一年的数据，就想看到新的物理学机制是不现实的。"紧凑型 μ 子螺旋磁谱仪研究组的理论物理学家约瑟夫·利根（Joseph Lykken）评论道。

当初建立超对称模型本来是为了解决一些难题，可是令其他一些人感到不安的是，要想解决这些难题，至少其中一些超伴子就不应该太重。例如，为

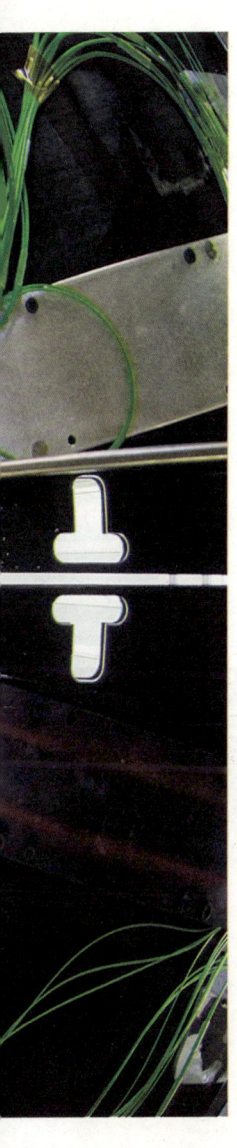

了构成暗物质，它们的质量必须不超过零点几个万亿电子伏特。

对大多数物理学家来说，希望超伴子能轻些的一个更重要的原因在于大型强子对撞机的另一个主要目标——希格斯玻色子。根据设想，一切拥有质量的基本粒子都是通过与这种粒子的相互作用来获得质量的。此外，基本粒子同短暂存在的"虚粒子"晕之间的相互作用，对其质量也有次要贡献。在大多数情况下，标准模型里的对称性保证了这些虚粒子互相抵消，所以它们对质量的贡献有限。具有讽刺意味的是，希格斯粒子自己却是个例外。根据标准模型计算，会得到它的质量无穷大这样一个荒谬的结果。超伴子能够扩大互相抵消粒子的范围来解决这一谜题。根据2011年12月发表的初步结果，希格斯粒子的质量约为0.125万亿电子伏特，正好位于超对称理论预测的范围之中，但前提是，超伴子的质量要相当低。

如果最后证明，事实并非如此，那就要另寻解释。2011年，英国伦敦大学学院的理论物理学家布赖恩·林恩（Bryan Lynn）提出了一种解释：在标准模型中，此前没有给予重视的对称性可以保证希格斯粒子的质量有限。其他一些科学家认为，林恩的想法最多只能算是提供了部分解释，限制希格斯粒子质量的，肯定还有标准模型之外的其他重要物理机制——如果不是超对称理论，就应该是理论物理学家提出的其他理论中的一种。其中一个热门后备理论是：希格斯玻色子不是基本粒子，它也是由其他粒子构成的，就像质子是由夸克构成的一样。遗憾的是，大型强子对撞机还没有足够的数据来对该假说一辨真伪，欧州核子研究中心的克里斯托夫·格罗琴（Christophe

 话题六 | 该死的粒子，你到底在哪里

Grojean）说。一些更玄乎的理论，如除了通常的三维之外，空间还拥有更多维度等，就不是大型强子对撞机所能验证的了。"目前，每一个理论都有问题，就我个人来说，无法告诉你哪个更好些。"欧州核子研究中心的另一位理论物理学家吉安·弗朗切斯科·格尤戴斯（Gian Francesco Giudice）评论道。

　　LHC超导环场探测器和紧凑型μ子螺旋磁谱仪还在继续收集数据，它们要么会发现超伴子，要么将排除更大范围的可能质量。虽然它们或许永远无法彻底否认超伴子的存在，但如果大型强子对撞机最终还是没能发现这种粒子，超对称理论或许就会渐渐淡出人们的视野，即便那些最坚定的支持者也会对它失去兴趣。对于超对称理论，以及以此为基础而建立的大一统理论来说，那将是一次严重的打击。辛奇利夫说："我们将发现的最有趣的东西，将会是所有人都没能预想到的。"

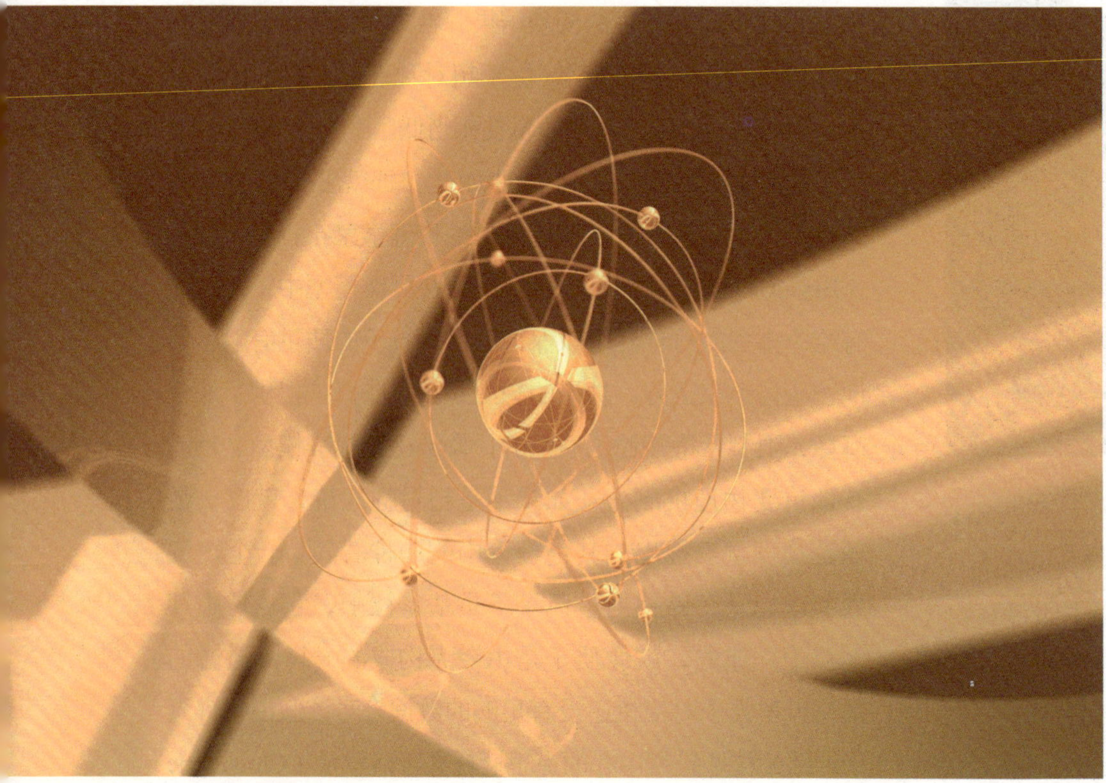

超对称理论有望
被证实

撰文 | 玛吉·麦基（Maggie McKee）
翻译 | 王栋

能证实超对称性存在的证据，或许已经出现在了世界上最强大的粒子对撞机里。2011年和2012年大型强子对撞机发现了两种粒子的少许过量现象，这是不是超对称伴子留下的痕迹？

目前，物理学似乎走进了一条死胡同。循着所谓"标准模型"指引的道路探索前进了数十年后，物理学家终于在2012年成功到达终点：该模型中最后一个未曾发现的粒子——希格斯玻色子终于现身。虽然标准模型可以对已知粒子的行为进行完美的描述，但它仍无法解释包括暗物质在内的一些现象。所以，许多物理学家都将目光投向了超对称理论，希望能从中获得一些线索。

超对称理论指出，每一种已知粒子都有一个质量更大的"同伴"（即超对称伴子），这就可以解释暗物质的存在。此外，对于作为其他粒子质量之源的希格斯玻色子本身为什么具有特定质量，该理论的某些版本也能给出答案。

不过，利用世界上最强大的粒子对撞机——欧洲核子研究中心的大型强子对撞机，科学家对超对称伴子进行了仔细搜寻，到目前为止还一无所获，这给超对称性的存在蒙上了一层阴影。"不少人都感到悲观。"美国石溪大学的戴维·柯廷（David Curtin）说。

最近，有两组研究人员同时提出：是否存在一种可能，超对称伴子确实存在，只是物理学家没能发现它们存在的痕迹。如果超对称伴子不是以一种明显的方式暴露自己，而是恰好具有合适的质量，能够衰变成能量一般的普通粒

话题六 | 该死的粒子，你到底在哪里

欧洲核子研究中心的大型强子对撞机

子，或其他不易觉察到的粒子，那这种可能性就是存在的。这样的话，即便某些超对称伴子确实留下了痕迹，也会淹没在混杂的普通粒子中。"超对称性的信号或许就藏在我们眼皮底下。"柯廷说，他本人就是其中一个研究组的成员。

如果真是这样，就能解释LHC在这次停机升级之前，曾于2011和2012年发现的两种粒子的少许过量现象了。在2014年6月独立发表于预印本（预印本是指还未在正式出版物上发表的研究成果，科研工作者出于和同行交流的目的，自愿先在学术会议上或通过互联网发布的科研论文、科技报告等文章）网站的两篇论文中，两个研究组都认为，普通顶夸克的超对称伴子（被称为"顶超对称夸克"）以及其他两种超对称伴子，不仅能够解释大型强子对撞机的观测结果，它们具有的质量分数也与由希格斯玻色子的特定质量推算出的数值正好吻合。

不过，其他研究人员对此持不同意见，他们认为对标准模型反应过程产生粒子数量的低估，也至少能解释部分超量现象。"现在就说上述测量结果可能预示着新的物理理论还为时过早。"戴夫·查尔顿（Dave Charlton）评论说，他是观测到这种少许过量现象的一个大型强子对撞机研究组的成员。

这一争论可能在2015年得到解决。到那时，运行能量得到提升的大型强子对撞机会"满血复活"，重新运转。"我们非常期待发现超对称性的证据，"美国华盛顿大学的理论物理学家安·纳尔逊（Ann Nelson，未参与此项研究）说，"但是现在，我仍然持谨慎态度。"她补充道："最初发现的微弱迹象，往往都是显著现象的'冰山一角'。"

133

发现五夸克粒子

撰文 | 玛丽亚·特明（Maria Temming）
翻译 | 马骁骁

早在50多年前，物理学家就预言了五夸克粒子的存在。最近，大型强子对撞机终于在海量数据中发现了五夸克粒子，这项发现激起了人们探索其他未知粒子的好奇心。

近年来，位于瑞士日内瓦附近的欧洲核子研究中心利用大型强子对撞机发现了包括大名鼎鼎的希格斯玻色子在内的大量新粒子。最近，科学家又在海量数据中有了新的发现——五夸克粒子。夸克是组成质子和中子的基本单元，而新发现的粒子包含有五个夸克。早在50多年前，物理学家就预言了五夸克粒子的存在，如今终于被实验证实。这个发现将帮助科学家进一步理解，物质的基本单元是如何结合，并形成我们所知的宇宙的。

在五夸克粒子被发现以前，人们在亚原子碰撞中发现的碎片不是由三个夸克组成的重子（包括质子和中子），就是由夸克-反夸克对构成的介子。物理学家十分困惑为何夸克的结合方式如此之少，因为描述夸克的数学模型并没有在理论上禁止其他结合方式。尽管一些研究组声称发现了由三个以上夸克组成的新粒子——如由两个夸克和两个反夸克组成的Zc（3900），但美国匹兹堡大学的物理学家埃里克·斯旺森（Eric Swanson）称，这些实验结果均存在争议。10年前曾有研究声称观测到了五夸克粒子，但后来人们发现该结果并不正确。

然而，这次的实验结果看起来十分可靠。斯旺森（未参加这次实验）说：

"我搞这行已经30年了,见过形形色色的数据。这次的数据很清晰,而且我还没看到其他足以令人信服的解释。"大型强子对撞机的研究人员已将这项工作发表于2015年8月的《物理评论快报》上。

不过实验数据并不能确定,所发现的粒子到底是由五个夸克紧密结合在一起,还是由一个重子和一个介子松散地结合在一起。后一种情况则如同一个亚原子分子(下图)。大型强子对撞机夸克项目组的物理学家谢尔登·斯通(Sheldon Stone)告诉我们,从2015年4月起大型强子对撞机开始以更高的能量运行,后续实验将阐明五夸克粒子内部的结合方式,或者发现新的五夸克粒子。不过,仅仅确认五夸克粒子的存在,就足以让人们意识到宇宙中的粒子种类是多么丰富。人类此前在普通物质甚至高能碰撞实验中看到的粒子,只能算是管中窥豹。这项发现重新激起了物理学家探索其他未知粒子的好奇心。

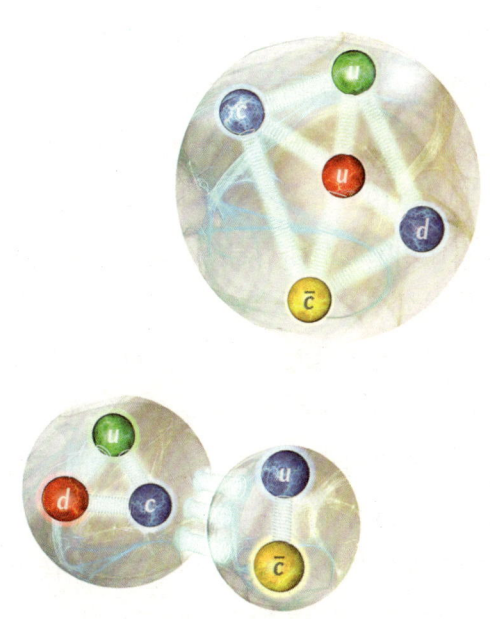

未观测到强相互作用中宇称不守恒

撰文 | 杜立配

60年前，李政道和杨振宁因预言了弱相互作用中的宇称不守恒而获得诺贝尔物理学奖。一些物理学家认为，强相互作用中也存在类似现象，欧洲核子研究中心通过实验证实，物理学家并未在高能重离子对撞实验中观测到强相互作用中的宇称不守恒。

弱相互作用（又称弱核力）是大自然的基本相互作用之一，它可以引起粒子的放射性衰变。1956年，当时分别就职于美国哥伦比亚大学和普林斯顿高等研究院的李政道和杨振宁提出，弱相互作用中可能存在宇称不守恒（意味着物理过程与其在空间反转后的镜像过程是不同的，就像我们在照镜子时抬起手，而镜中的我们却放下手）。1957年，哥伦比亚大学的吴健雄及合作者通过β衰变实验，证实了弱相互作用中的宇称不守恒，这使得李政道和杨振宁二人获得了1957年的诺贝尔物理学奖。

强相互作用（又称强核力）是大自然的另一种基本相互作用，它是将夸克牢牢粘在一起从而形成质子或中子的力。科学家已经通过实验在很高的精度上确认，强相互作用参与的物理过程遵守宇称守恒。然而，描述强相互作用的基本理论——量子色动力学，却并不禁止宇称不守恒。

几十年来，一些物理学家认为在夸克-胶子等离子体中，可能存在强相互作用下宇称不守恒的区域。物理学家希望通过将原子核加速到接近光速并进行碰撞，来制备这种等离子体，并验证此时是否存在宇称不守恒。理论上来说，

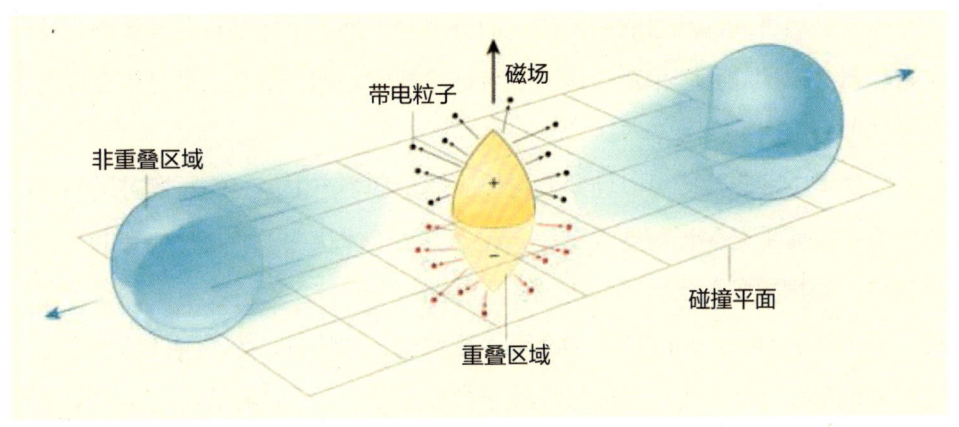

在上图中所示的重叠区域,沿垂直于碰撞平面的方向会产生一个强度约是地球表面磁场10^{19}倍的极强磁场,此时如果存在宇称不守恒,那么在强磁场的作用下,带相反电荷的粒子将倾向于朝相反的方向飞入探测器,即沿磁场方向会发生电荷分离。这种由宇称不守恒与强磁场综合作用导致的电荷分离现象被称为手征磁效应。

过去十年,美国相对论重离子对撞机(RHIC)的STAR合作组与欧洲核子研究中心大型强子对撞机的ALICE合作组,观测到的实验结果都与上述手征磁效应的理论预言相符,这使得一些物理学家认为,我们可能已经观测到了强相互作用中的宇称不守恒。不过,还有一些物理学家认为,这些实验结果也可用手征磁效应之外的理论解释。为了进一步确认导致这些实验结果的主要原因是否是手征磁效应,大型强子对撞机的CMS合作组首次通过对比质子–铅核碰撞与铅核–铅核碰撞的观测结果,对手征磁效应进行了检验。

如果观测到的电荷分离现象主要来自手征磁效应,那么当碰撞中产生的磁场强度较小时,最后的电荷分离现象也应该较弱。在CMS合作组的这项研究中,质子–铅核碰撞产生的磁场强度小于铅核–铅核碰撞,并且它产生的磁场的朝向是随机的,因此,在质子–铅核碰撞实验中观测到的电荷分离现象,应该远远小于铅核–铅核碰撞实验中的结果。但是,研究人员惊讶地发现,最后观测到的电荷分离现象在质子–铅核与铅核–铅核两种对撞系统中非常一致。

话题六 | 该死的粒子,你到底在哪里

这意味着最后进入探测器的粒子的电荷分离并不是由手征磁效应导致的,从而也意味着并未探测到强相互作用下的宇称不守恒。相关研究结果已于近期发表在《物理评论快报》上。

"探测手征磁效应可以让我们更加了解早期宇宙中存在的原初磁场的性质(因为宇宙诞生之初也曾处于夸克-胶子等离子体状态),同时也有助于揭示宇宙中普通物质多于反物质的机制,"欧洲核子研究中心的亚里山德鲁·弗洛林·多布林(Alexandru Florin Dobrin)评论道,"不过,为了确认这个结论,还需要定量地计算,当产生的带电粒子数目不同时,手征磁效应对电荷分离贡献的大小。"美国哥伦比亚大学的威廉·阿伦·扎伊茨(William Allen Zajc)也对此评论说:"明确地观测到手征磁效应将有助于我们研究规范理论在相对论环境中的基本拓扑结构。"

新研究虽然向前推进了一步,但对强相互作用中宇称不守恒的搜寻仍将继续,物理学的新发现也许就在眼前。

话题七
于细微处见神奇的纳米技术

纳米是一个非常小的长度单位,也称毫微米,即10^{-9}米,大致为几十个原子排列起来的长度。自从扫描隧道显微镜发明后,世界上便诞生了一门以0.1~100纳米这样的尺度为研究对象的前沿学科,实际上就是用单个原子、分子制造物质的科学技术。当物质小至纳米尺度时,性能有可能会发生意想不到的变化。这种具有特殊性质的材料被称为纳米材料。目前,纳米技术已成为当今社会最有前途的决定性技术之一,研究范围十分广泛,包括纳米生物学、纳米电子学、纳米材料学、纳米机械学、纳米化学等。

细菌的
致命陷阱

撰文 | 蔡宙（Charles Q. Choi）
翻译 | 刘旸

细菌通常带负电，如果遇到带正电的有机导体多聚物，一定会黏附上去。美国科学家利用这一原理制成的有机导体多聚物空心胶囊，只需一小时便可杀死近95%的细菌。

有机导体多聚物可以被制成空心胶囊，从而成为细菌的陷阱。微生物普遍带有负电，当遇到从带正电的笼子表面伸出的薄片或细丝时，就会黏附上去。胶囊遇光会生成一种活性极高的氧分子，这种分子对细菌有毒性，只需一小时便可杀死近95%的细菌。这种胶囊是美国佛罗里达大学和新墨西哥大学的科学家发明的，可用作医疗仪器等多种设备的表面材料。研究成果于2008年11月24日发表于美国化学学会的《应用材料与界面》（*Applied Materials & Interfaces*）杂志上。

用阳光制造
氢气

撰文 | 埃里克·斯莫利（Eric Smalley）
翻译 | Joy

近年来，利用二氧化钛光催化剂分解水制备氢气作为一项大有希望的研究课题在世界范围内被广泛研究，但是还存在氢气转换率低的问题。最近，美国科学家利用6微米长的二氧化钛纳米管将氢气的转化效率提高到12%以上。

通往氢经济的道路正在变得更加"光明"。现在，分解水分子释放氢气的纳米管可以更加有效地工作，而且它们很快就能利用阳光中的可见光部分了。

在工程上，利用阳光来分解水有三种方式：一种是太阳能电池，它保持着水分解效率的记录，但相当昂贵；另一种使用微生物，它并不昂贵，但目前只能产生极少量的氢气；第三种是光催化法，它依赖于半导体中短暂出现的游离

 话题七 | 于细微处见神奇的纳米技术

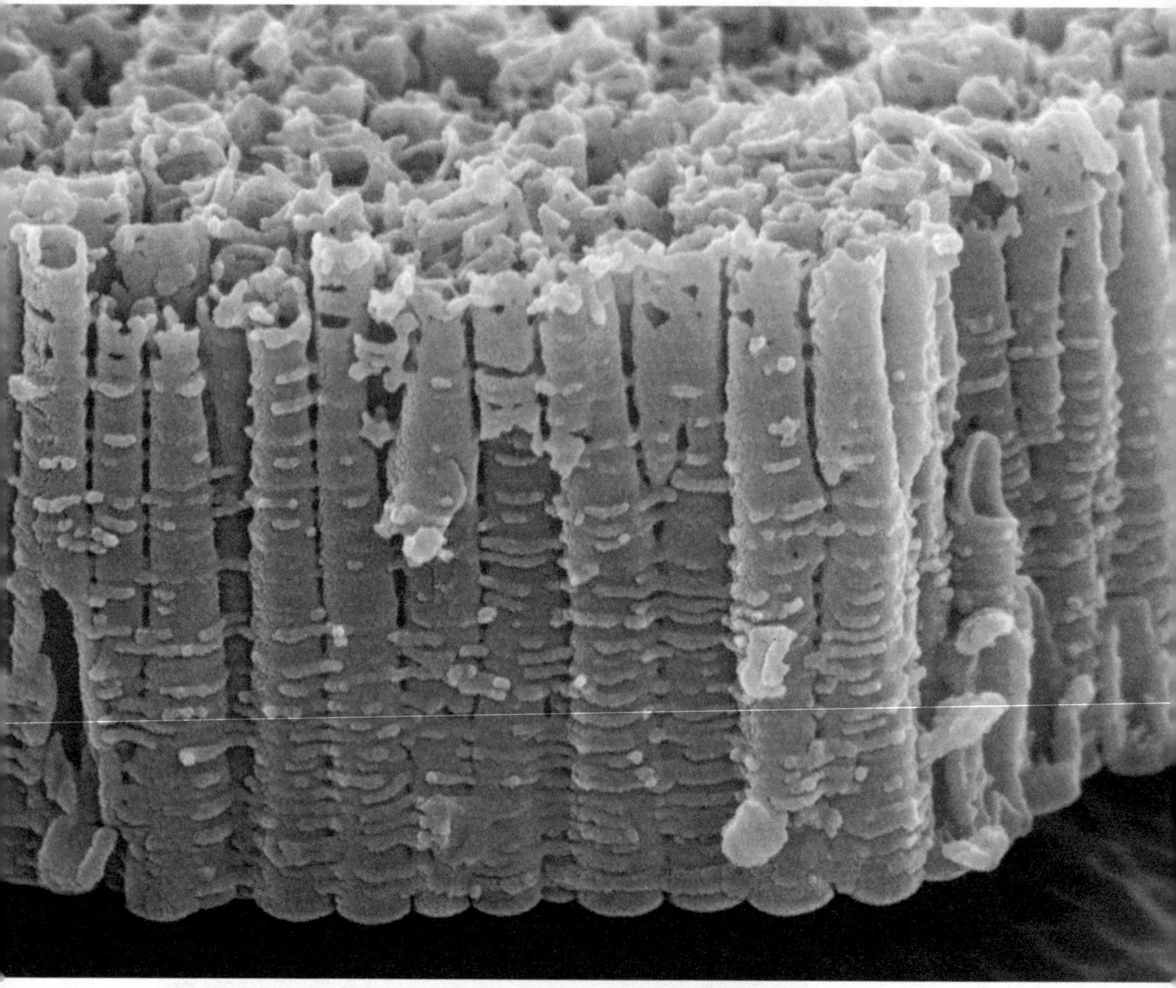

二氧化钛纳米管经过改造,能够利用可见光将水分解产生氢气。

电子——与水分子接触的电子会替换氢–氧化学键中的电子,这样,它们就能将水分解,产生氢气。光催化剂可能比太阳能电池更便宜,产生的氢气也比微生物法更多。

问题在于,用于水分解的光催化剂必须在水中才能工作,这些光催化剂只对紫外线发生反应,而紫外线在阳光中大约只占4%。那些能够吸收阳光辐射

中更丰富的可见光部分的物质，本身又容易在水中分解。

科学家已经转而使用二氧化钛纳米管来解决效率问题。管状二氧化钛的效率约为传统薄膜状二氧化钛的5倍，因为管状的外形可以使电子更持久地保持自由状态。因此，一个电子拥有更多的机会来分解一个水分子。

美国宾夕法尼亚州立大学电气工程师克雷格·格兰姆斯（Craig Grimes）和他的团队，已经成功利用6微米长的二氧化钛纳米管，通过紫外线转换氢气的效率提升到12%以上。在1瓦特紫外线的照射下，纳米管每小时可以产生80毫升的氢气，这是纯光催化系统效率的最高记录。

现在，两个科研团队——美国得克萨斯大学奥斯汀分校的化学家阿伦·巴德（Allen Bard）和同事，以及宾夕法尼亚州立大学的研究者——已经开始设计能够对可见光发生反应的二氧化钛纳米管了。他们把碳加到二氧化钛纳米管中，使纳米管吸收的光波波长向电磁波谱的可见光部分偏移。巴德说，在一种人造的紫外线和可见光的混合光源照射下，这种偏移令水分解的效率增加了1倍。他们的下一步计划是，开发一种能够在纯可见光下仍然保持高效的纳米管材料。

这两个团队的目标是，将二氧化钛纳米管在可见光中的水分解效率提升到10%以上，这是美国能源部近几年内的目标。格兰姆斯进行过计算，如果用一种在可见光下效率可达12%的光催化剂来覆盖美国一户普通人家的屋顶，那么它每天制造的氢气约相当于11升汽油。

更听话的
纳米"积木"

撰文 | 蔡宙（Charles Q. Choi）
翻译 | 肖伟科

纳米颗粒同时具备了微小原子和大块常规材料的特性，具有很广泛的应用价值。但它们通常呈球形，很难装配成固定的结构。最近，在制造和使用这些纳米结构材料方面，研究人员取得了突破性的进展。

纳米颗粒是研究人员很感兴趣的一种结构模块，它同时具备了微小原子和大块常规材料的特性。然而，它们通常呈球形，很难装配成固定的结构，只能像水果店里的橘子一样堆在一起。最近，在制造和使用这些过去难以操纵的纳米结构材料方面，研究人员取得了巨大的进展。

在2007年1月19日出版的《自然》杂志上，美国麻省理工学院的材料科学家弗朗切斯科·斯泰拉奇（Francesco Stellacci）和同事们介绍了一种方法，能

够使纳米颗粒变得像链条上的链环一样，彼此勾住，形成一串珠链。这种方法利用了所谓的"毛球定理"，即对于一个表面覆盖着毛发的球体来说，如果想要抚平球上的所有毛发，必定会有两束毛发笔直地竖立着，分别位于相对的两个极点上（想象一下，如果沿着纬度线方向抚平地球仪上的毛发，那么最后两极处的毛发都会竖立起来）。

　　研究人员在金纳米颗粒的表面，覆盖了两种含硫分子构成的"毛发"。这些毛发竖立的地方就是金纳米颗粒表面的不稳定瑕疵——这里的毛发很容易被其他物质取代。斯泰拉奇小组用化学物质替换了这些毛发，这些化学物质能像手柄一样，让纳米颗粒彼此连接起来。

　　美国斯坦福大学的材料科学家崔屹（Yi Cui）指出："这让纳米颗粒变得像个原子——准确地说，是一个有两个化学键的二价原子。这样，我们就能用它们来制作一些真正有趣的结构，就像将原子组合成分子一样。"斯泰拉奇介绍说，他的小组正在探索能够让每个纳米颗粒具有四个"化学键"的方法。

　　这些纳米结构能够和纳米线连接，制造先进的电子器件。研究人员可以用两种方法来制造纳米线：自下而上地装配或自上而下地蚀刻。前者要把每一个细微的、松散的、通常杂乱分散的原料整合成可用的电气设备，面临的技术挑战可想而知；相对而言，后者倒可以运用许多传统工业技术，如"类似钢锯的设备"，美国耶鲁大学的生物医学工程师埃里克·斯特恩（Eric Stern）解释说。传统技术制得的纳米线表面粗糙，影响了电气性能，斯特恩等则克服了这个困难。

　　在2007年2月1日出版的《自然》杂志上，耶鲁大学的研究人员介绍了一种制造高质量光滑表面纳米线的蚀刻方法。这种方法的关键在于使用了一种名为TMAH（四甲基氢氧化铵）的铵盐。在当前采用过的所有溶剂之中，TMAH蚀刻硅的速度最缓慢，过程最平稳。耶鲁大学的生物医学工程师塔里克·法赫米（Tarek Fahmy）补充说，这项新技术与标准的半导体工业流程兼容，有助于将纳米线集成到电子器件之中。

　　事实证明，这些纳米线对环境因素非常敏感，与分子接触就能引起电压变

 话题七 | 于细微处见神奇的纳米技术

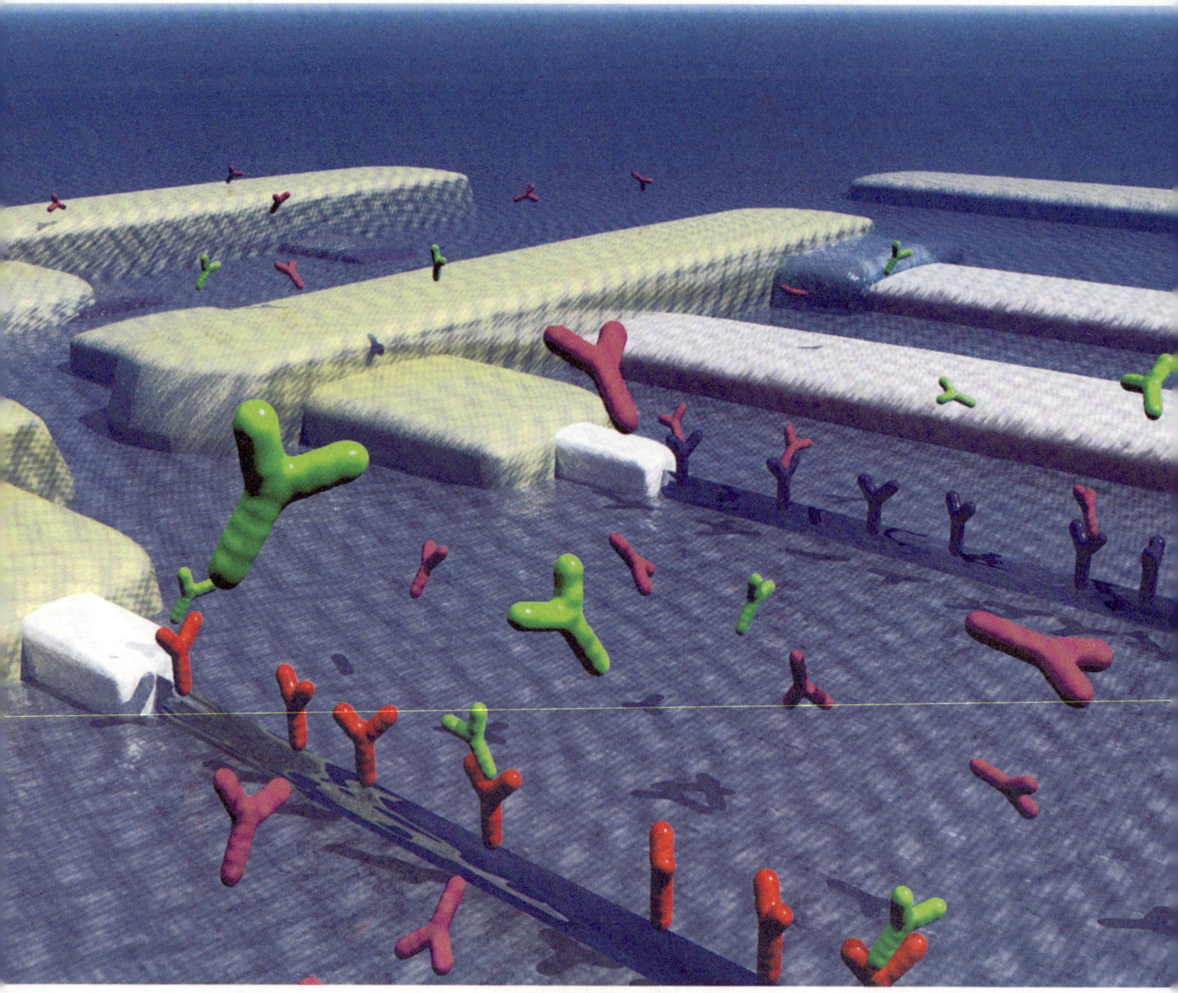

附着在蚀刻纳米线（蓝色线条）上的抗体（蓝色和红色的Y形物体）可以探测溶液中的其他抗体，实现快速诊断。图中的长方形物体是电接点。

化。它们能够感应细胞释放的酸性物质，从而在10秒钟内，探测到T细胞受外界物质刺激而发生的活化反应。相比之下，常规的标记抗体化验方法通常需要几分钟乃至几个小时，才能查出这样的活化反应。研究人员还发现，只要致癌分子的密度高于每立方毫米60个，附着抗体的纳米线就能检测到这种分子，其灵敏度足以与目前最先进的传感器相媲美。

分子载体

美国加利福尼亚大学河滨分校的路德维格·巴特尔斯（Ludwig Bartels）领导的小组首次设计出了一种能够在平坦表面上直线移动的分子。现在，研究人员可以用这些分子来拖运"货物"了。他们借助有机化合物蒽醌来搬运和释放两个二氧化碳分子，就像一个人每只手提了一个购物袋一样。掌握这种传送分子和原子的方法能帮助工程师更加方便地运送原料，装配纳米设备。

接下来，研究人员打算让分子载体学会转弯，能够操纵它们的货物，或者发射光子表明自己的位置。巴特尔斯介绍说，他的小组也许还会"为它们添加能够感受光刺激的'肌肉组织'"。

美国约翰·霍普金斯大学的免疫学家乔纳森·施内克（Jonathan Schneck）说："有了用这类纳米线制成的设备，我们就能在急救室、办公室、战场等任何场合，现场为患者进行快速诊断。就提高设备反应速度而言，这种纳米线是我见过的最具潜力的工具。"

宝石上的 纳米管

撰文 | 蔡宙（Charles Q. Choi）
翻译 | Joy

电信号在碳纳米管中的传输速度远胜于在硅中的传输速度，理论上可以制造出速度更快的计算机。但在硅化合物表面制造的碳纳米管晶体管会因电极和硅之间的相互作用增加能耗，最近科学家们用蓝宝石作衬底解决了能耗高的问题。

碳纳米管可以在高级电路中制成理想的导线，不过，要把这些又小又黏、松松软软的丝状物排布成线，得费很大的劲。科学家们现在已经发现，蓝宝石晶体可以自动引导纳米管，将它们排布成建造晶体管和制作柔性电子元件所需要的图案。

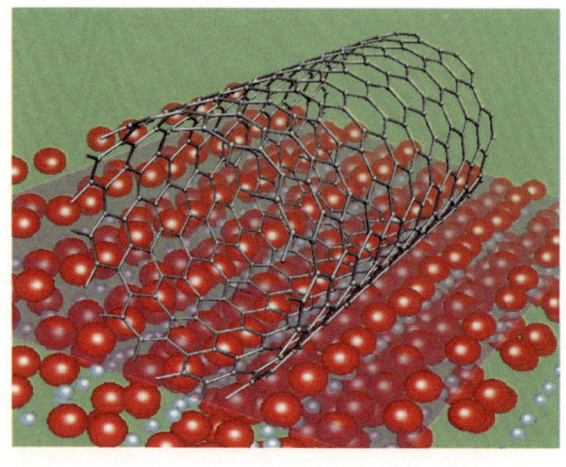

纳米管在上：由铝原子（浅蓝色）和氧原子（红色）构成的蓝宝石衬底，可以自然地将碳纳米管定位。

　　电信号在碳纳米管中的传输速度远胜于在硅中的传输速度,理论上可以制造出速度更快的计算机,美国南加利福尼亚大学的电气工程师周崇武（Chongwu Zhou）这样解释说。此外,纳米管还可以做得很小——只有传统硅电路中理论最小尺寸的1/5。

　　为了制造纳米管电路,科学家们可以随机散布纳米管,然后在任何可行的地方接上电极,也可以尝试先让纳米管彼此"生长"在一起,然后在上面制作电极。不过,所有这些方法都是缓慢而低效的。这让科学家们不禁想知道,是不是存在某种衬底,可以自然地将纳米管定位。在对不同的晶体进行了一年多的实验之后,周崇武和他的同事们发现,蓝宝石晶体正好可以胜任。蓝宝石晶体属于六方晶系,晶胞从底平面向上延伸。同时,他们还发现,蓝宝石的大部分纵向切片都明显地显露出规则排布的铝原子和氧原子,这可以促使纳米管沿着规整的方向整齐地生长。

 话题七 | 于细微处见神奇的纳米技术 |

在2006年1月的《纳米快报》(*Nano Letters*)杂志中,周崇武的小组报告说,他们用这种排列整齐的纳米管成功制作了晶体管。研究人员在可批量生产的人造蓝宝石上,涂上一层被称为铁蛋白的笼状蛋白质,再加以烘烤,同时让烃类气体吹过表面。蛋白质中的铁会起到催化作用,使烃类气体中所含的碳生长为单壁纳米管。一旦蓝宝石被纳米管覆盖,研究人员就能够将晶体管的金属电极安置在他们想放的任何地方,再用高度电离的氧气去除多余的纳米管。

过去,碳纳米管晶体管通常是在电子工业中常见的硅化合物表面制造的。它的缺点是金属电极和硅之间会相互影响,吸收电荷,从而降低性能、增加能耗。周崇武的方法消除了多余的消耗,因为蓝宝石是绝缘的,并不是像硅那样的半导体。他的方法与所谓的蓝宝石衬底硅的制作技术密切相关,IBM(国际商业机器公司)和其他芯片制造商已经将这种衬底工艺应用到高性能电路的制造当中。"因此我们可以从半导体工业中借用许多知识。"周崇武评论说。

在与其他的碳纳米管电子技术进行比较时,用蓝宝石衬底法制得的纳米管排布规则,密度也最高,每微米可达40个。周崇武说,其他方法只能达到每微米1~5个。纳米管的密度至关重要,因为电极之间的纳米管越多,可被传导的信号也就越多。通过改变铁蛋白中铁的含量,研究人员就能够控制纳米管的密度。

研究人员能够轻松地将纳米管晶体管制成柔性电子元件:将一层塑料薄膜烘烤到纳米管晶体管上,再剥离下来,晶体管就会附着在薄膜之上。碳纳米管柔性电子元件可以"轻而易举地"胜过目前工业中所采用的硅基柔性电子元件。周崇武预见到这种电子元件的实际用途,如可用于大型平板显示器、车辆挡风玻璃和智能卡。他还指出,这种规则排布的纳米管可被用作传感器:假如附着其上的分子能够跟癌症标志物或其他化合物发生反应,他们就可以通过这种纳米管来传送电子信号。

这些发现"是一项非常重要的结果,解决了与集成电路碳纳米管制造相关的一道最难的问题",王康(Kang Wang)评价说,他是美国加利福尼亚大学洛杉矶分校多功能纳米构建中心的主任。他指出了尚待攻克的另一道重要难

纳米管连接

分子电子学致力于使用单个有机分子作为计算或传感元件的最小单元，但是这些分子通常无法稳定地与它们的电极相连。美国哥伦比亚大学有机化学家科林·纳科尔斯（Colin Nuckolls）和他的同事们已经开发出一种方法，可以更结实地将这些分子连接到碳纳米管上。2006年1月20日的《科学》杂志描述了这项技术。它利用氧等离子体在纳米管上切出分子大小的间隔，使得纳米管的末端可以在化学上接受蛋白质中的那种连接，这要比用金和硫化合物制成的连接稳固得多，后者是目前常用的连接分子与电极的方法。

关：确保使用这种技术制造的所有纳米管都是半导体性的，因为目前制造出来的纳米管还是金属性（完全导电）和半导体性纳米管的混合物。

纳米晶体
改造电脑

撰文 | 达维德·卡斯泰尔韦基（Davide Castelvecchi）
翻译 | 王栋

> 晶体管是计算机芯片上的关键器件，晶体管的设计极大地影响着计算机的速度。最近，一种只有10纳米厚的晶体管有望实现规模化生产，这意味着晶体管能在较低的电压下工作，产生的热量更少，计算机的速度也将更快。

今天的每块计算机芯片上，都密密麻麻地排列着数十亿个晶体管，但自从1947年美国科学家约翰·巴丁（John Bardeen）、沃尔特·布拉顿（Walter Brattain）和威廉·肖克莱（William Shockley）在贝尔实验室制作出第一个晶体管原型以来，晶体管的生产一直都基于相同的原理。目前，物理学家展示了

一种彻底简化的晶体管设计，能使计算机运行速度更快、耗电量更低。虽然奥地利物理学家朱利叶斯·埃德加·利林菲尔德（Julius Edgar Lilienfeld）早在1925年就为这种设计申请了专利，但它迄今为止仍未转化成实用器件。

每个晶体管都有一个门电极，它决定着电流能否通过半导体片，从而界定一个"开"或"关"的状态，这是计算机二进制运算的关键。传统的设计是，半导体片被加工成类似三明治的结构，即一种材料夹在另一种材料的中间。在"关"的状态下，这个"三明治"是绝缘体，但它可以转化为电导体，通常的方法是在门电极上施加一个电场。在芯片制造过程中，"三明治"结构是通过向硅片中"掺杂"其他元素形成的。例如，中间一层可以加入易于获得电子的元素；外面的两层则加入易于释放电子的元素。单独来看，每一层材料都是导电的，但除非门电极处于"开"的状态，否则电子无法穿过中间一层。

相邻材料层之间的边界叫作"结"。爱尔兰丁铎尔国家研究院的琼－皮尔·科林奇（Jean-Pierre Colinge）说，随着晶体管尺寸的缩小，如何在几纳米的距离内，使硅片中掺杂元素的密度发生突然变化，以形成一个明显的边界，已成为科学家面临的一大难题。

一种解决办法就是干脆去除边界。根据利林菲尔德的设想，科林奇及其同事制作了一种晶体管，其中只有一种掺杂元素，这样边界就不存在了。这种新型器件是一个1微米长的纳米管，其中掺杂了大量的硅，门电极横穿中部。门电极产生的电场会耗尽纳米管中间区域的电子，关闭晶体管，进而阻止电流通过纳米管。2010年3月，这个研究小组在《自然·纳米技术》杂志上发表了他们的研究成果。

要有效耗尽电子，纳米管只能有10纳米厚。直到最近，这种纳米管才有可能实现规模化生产。科林奇说，"这个器件应该很容易整合在硅芯片上"，因为它与现有制造工艺是兼容的。他认为，无边界设计可以更有效地开关电流，这就意味着晶体管能在较低的电压下工作，产生的无用热量更少，速度也将更快（实际上，在经过了数十年的快速发展之后，过去数年，计算机的运算频率一直停顿在3GHz左右）。

话题七 | 于细微处见神奇的纳米技术

　　位于美国纽约州约克敦海茨的IBM沃森研究中心物理科学部主任托马斯·泰斯（Thomas Theis）认为，如果发明者能将无结晶体管的长度显著缩短，更好地与现有部件相匹配，那么这种晶体管的应用前景将不可限量。科林奇说，把晶体管的尺寸缩短到10纳米应该是可行的，他的团队正在努力实现这一目标。科林奇还透露，自从他们的文章发表以后，多家半导体公司都对无结晶体管很感兴趣，或许它们已经做好准备进入"无边界时代"了。

细胞受体
磁控制

撰文 | 明克尔（JR Minkel）
翻译 | 刘旸

细胞的种种行为，如分泌激素或破坏病原体等，都是由细胞表面的受体蛋白引发的。美国科学家用直径30纳米的氧化铁小珠使受体聚集并活化，从而实现了受体活化的人为控制。

细胞依靠散布于表面的受体蛋白来感受周围环境。这些受体锁定特定分子，引发一系列生化事件，进而引起种种细胞行为，如分泌激素或破坏病原体等。要想激活受体，往往要让受体先彼此结合。美国哈佛大学的唐纳德·因格贝尔（Donald Ingber）及其同事向人们展示，将氧化铁小珠通过二硝基苯结合到产组胺肥大细胞表面的受体上，这种受体的活化便可人为控制。在外加磁场的情况下，这些直径30纳米的小珠会彼此相吸，从而使受体聚集并活化。在此过程中，研究人员检测到细胞内出现了一个钙离子峰，这是分泌组胺的第一步。此项技术可以令用来检测病原体的生物传感器变得更加轻便、节能，体内药物运输技术也会由此受到启发。2008年1月的《自然·纳米技术》杂志对这项研究进行了报道。

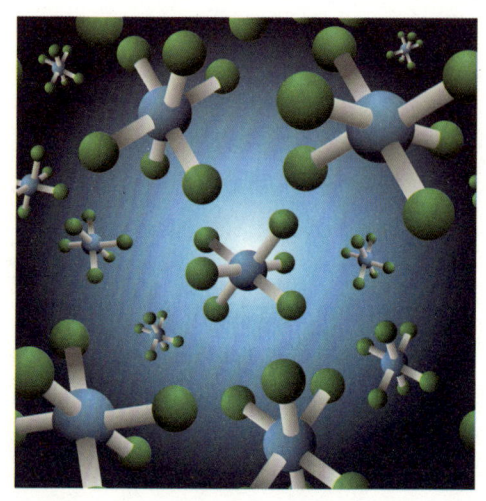

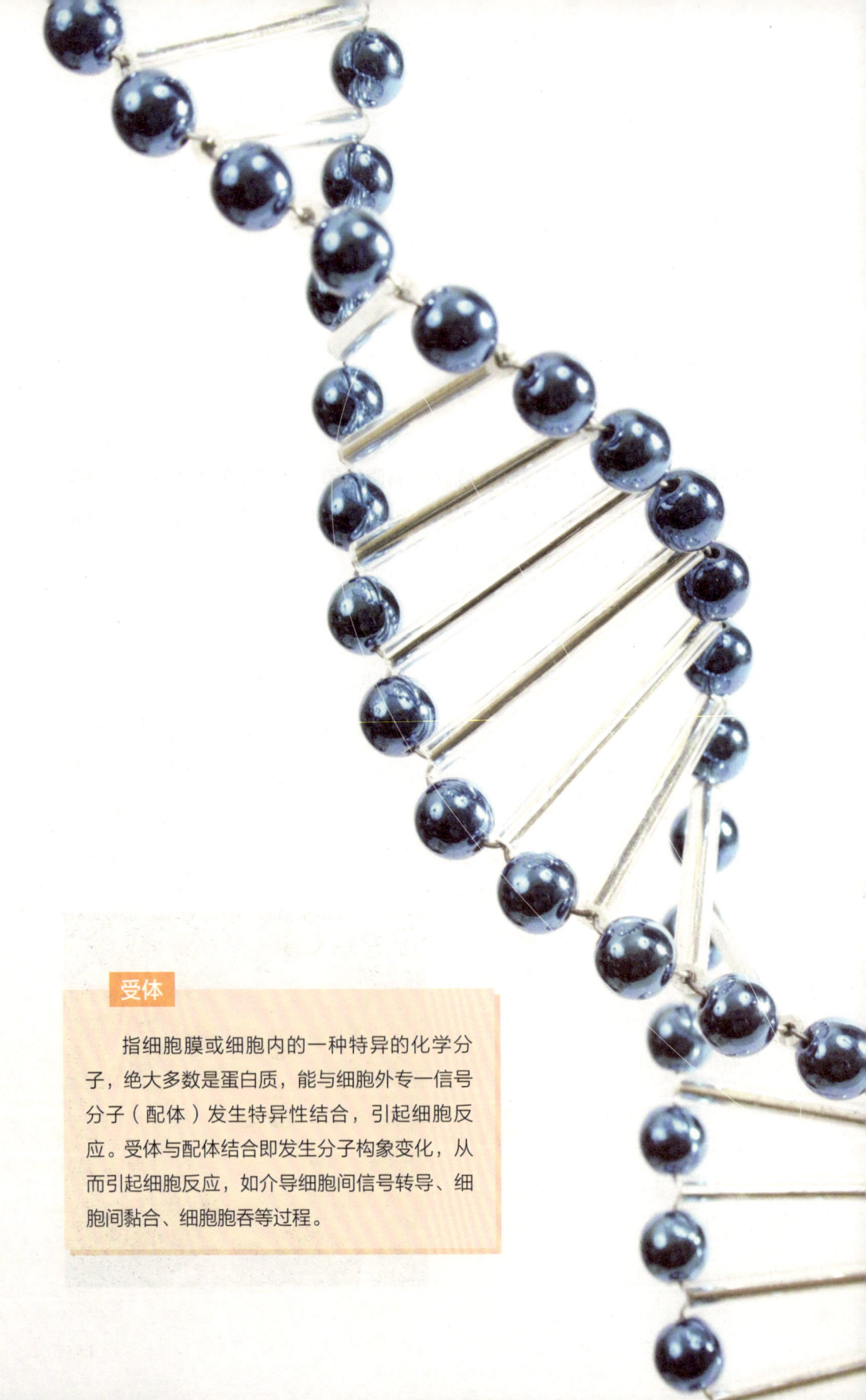

受体

指细胞膜或细胞内的一种特异的化学分子，绝大多数是蛋白质，能与细胞外专一信号分子（配体）发生特异性结合，引起细胞反应。受体与配体结合即发生分子构象变化，从而引起细胞反应，如介导细胞间信号转导、细胞间黏合、细胞胞吞等过程。

纳米颗粒让过敏注射疗法
更安全

撰文 | 莫妮克·布鲁耶特（Monique Brouillette）
翻译 | 张哲

> 将过敏原包在纳米颗粒里，可以避开免疫系统的攻击。到达肝脏和脾脏后，纳米颗粒外衣溶解，释放出过敏原。这两处"学习中心"的免疫细胞熟悉了过敏原之后，就不会反应过度使人过敏了。

眼睛痒、流鼻涕，一旦出现这些过敏的初期症状，患者就会赶紧去药店买些非处方药来缓解。但是这些药物治标不治本，过敏的根本原因是我们的免疫系统对无害物质反应过度。唯一的治愈方法是，在数月甚至数年内，注射一系列小剂量的过敏原使身体脱敏。但由于可能会有严重的副作用（如过敏反应），很多患者并不会接受这种注射治疗。

为了解决这个问题，美国西北大学的斯蒂芬·米勒（Stephen Miller）和密歇根大学的朗尼·谢伊（Lonnie Shea）开发了一种更安全的方法——简而言之，就是让脱敏针中的过敏原避开自身免疫系统的攻击。

要想让免疫系统学会识别哪些物质有害，哪些物质无害，需要先让肝脏和脾脏中正在发育的免疫细胞熟悉那些日后不需处理的无害蛋白质。但问题在于，成熟的免疫细胞有时候会在注射剂中的过敏原抵达这两处"学习中心"前就发起攻击。因此，免疫学家米勒联手生物医学工程师谢伊，设计了一种类似特洛伊木马的给药方式：将过敏原封装在一个纳米颗粒中。这些颗粒和衰老血细胞的碎片大小相同，因此免疫系统会把它们认定为正常的细胞残骸，从而允许它们经血液进入肝脏和脾脏。到达这些地方后，纳米颗粒外衣溶解，释放出过敏原。

相关研究最近发表在了《美国科学院院刊》（*Proceedings of the National Academy of Sciences*）上。论文中提到，研究人员利用小鼠对卵清蛋白过敏来测试这个方案的可行性——这种蛋白会引发小鼠严重的免疫反应。他们先将卵清蛋白封入纳米颗粒中，然后将这些纳米颗粒注射进5只小鼠体内。结果，小鼠没有出现免疫反应。随后，研究人员直接向这些小鼠注射卵清蛋白，并观察它们是否还会过敏，结果小鼠并没有出现呼吸道炎症。此外，血液测试显示，小鼠体内抑制免疫系统的调节性T细胞增多了。这些结果表明，包裹着纳米颗粒的过敏原成功穿过了小鼠体内的防御系统并且没有被发现——随后，免疫系统就知道这些过敏原并不是坏家伙了。

美国斯坦福大学肖恩·帕克过敏和哮喘研究中心主任卡里·纳多（Kari Nadeau）称，在治疗过敏时，纳米颗粒是一种强大的工具，可以对付很多过敏反应，甚至自身免疫失调，比如多发性硬化。这是因为纳米颗粒内可以填充来自花粉、尘螨等不同物质的免疫反应触发物。

已经有其他研究人员通过试验证明，使用纳米颗粒可以有效治疗花生过敏。接下来，米勒和谢伊计划对乳糜泻（由免疫系统对小麦蛋白过度反应造成，又称麸质过敏性肠病）进行临床试验。

用纳米颗粒模仿
黑色素

撰文 | 马修·塞达卡（Matthew Sedacca）
翻译 | 季韬

> 研究人员用聚多巴胺模拟天然黑色素，制成纳米颗粒，并将皮肤细胞和纳米颗粒放在一起培养，然后将它们暴露在紫外线下。三天后，吸收纳米颗粒的皮肤细胞有50%存活了下来，而未吸收纳米颗粒的细胞存活率只有10%。

夏日炎炎时，为防止紫外线损伤皮肤，许多人都觉得有必要涂上一层防晒霜。但是，科学家可能已经找到了一种新的方式来阻挡这些危险的射线——利用纳米颗粒模仿黑色素，来保护皮肤细胞。如果证实确实有效，那么这种方法不仅可以防晒，还可以用来治疗某些皮肤病。

黑色素是人体对抗紫外线诱发的DNA（脱氧核糖核酸）损伤的重要屏障之一。在皮肤表层下，有一种特殊的细胞能分泌黑素体，黑素体可以产生、储存以及运输黑色素。皮肤中的角质细胞可以吸收这些黑色素，并在细胞核周围形成具有保护性的、能够阻挡紫外线的外壳。然而，患有白化病和白癜风等皮肤病的人体内无法正常生成黑色素，因此对紫外线的影响异常敏感。

为了合成这种黑素体，加利福尼亚大学圣迭戈分校的研究人员将多巴胺（一种在大脑和人体其他部位发现的神经递质）浸泡在碱性溶剂中。这一步骤产生了类黑色素纳米颗粒，这些纳米颗粒的外壳与内核由聚多巴胺（一种多巴胺基聚合物）组成。当把这种合成的颗粒与人体角质细胞一同放入培养皿中时，纳米颗粒会被角质细胞吸收，并像天然黑色素一样，分布在细胞核周围。

"这些角质细胞能够处理合成的纳米颗粒，将它们转化成盖在细胞核上的

'帽子'。"该项研究的参与者、目前就职于美国西北大学的生物化学家内森·詹内斯基（Nathan Gianneschi）说。"同黑色素一样，这种合成材料也可以使肤色变暗，但它并非仅仅通过填充细胞使细胞变暗，"詹内斯基指出，"实际上这种材料成为细胞结构的一部分。"

类黑色素纳米颗粒不仅可以像天然黑色素一样，通过皮肤细胞运输和分布，也可以像天然黑色素一样保护细胞的DNA。研究人员把皮肤细胞和纳米颗粒放在一起培养，然后将它们暴露在紫外线下。三天后，吸收了纳米颗粒的皮肤细胞有50%存活了下来，而未吸收纳米颗粒的细胞存活率只有10%。这项研究结果已于2017年早些时候发表在了《美国化学学会核心科学》（*ACS Central Science*）杂志上。

现在研究人员已经知道，类黑色素纳米颗粒与天然黑色素的功能一致，都可以有效地保护皮肤细胞，接下来的工作就是搞清楚其中的生物机制了。

纳米纱窗可过滤90%的有害颗粒物

撰文 | 阮进（Tien Nguyen）
翻译 | 王舟

利用气流往纱窗上吹出高分子溶液液滴，可形成极薄的纳米纤维层。在空气污染严重的情况下，喷涂了聚丙烯腈纳米纤维的纱窗能够有效过滤90%的有害颗粒物。

喷涂了纳米纤维的新型纱窗，或许能让生活在空气污染严重城市的人呼吸到新鲜空气。这些可捕获污染物的纤维由含氮聚合物组成，可以通过吹制纺丝技术喷涂到纱窗上，也就是，利用气流吹出高分子溶液液滴，使其在纱窗上形成极薄的纳米纤维层。

近日，斯坦福大学与清华大学的研究人员在《纳米快报》上发表了这项最新研究，他们开发出的多种吹制纺丝高分子材料（原材料就是制造橡胶手套、帐篷常用的材料）可以过滤空气中超过90%的有害颗粒物。通常，这些有害颗粒物会穿过普通纱窗，进入室内。如果在把柔性尼龙网卷成卷的过程中进行喷涂，喷涂速率可接近每分钟1米。此外，研究人员还在覆盖

制图：托马斯·富克斯
（Thomas Fuchs）

话题七 | 于细微处见神奇的纳米技术 |

有金属涂层的网状物上喷涂纤维薄膜,并在吸附大量污染物之后,用纸巾将薄膜擦去。

　　研究人员在北京进行了长达12小时的实地测试,在空气污染严重的情况下,喷涂了聚丙烯腈纳米纤维的纱窗能有效过滤90%的有害颗粒物,这些颗粒物可导致肺癌与心脏疾病。装上这扇"绿网",我们又可以呼吸到新鲜空气了。

话题八
人工"智"造的新传奇

未来，人工智能（AI）的发展不仅会带来技术本身的进步，还将引领各行各业的创新发展。随着AI时代的到来，具有里程碑意义的事件不断涌现：无人驾驶汽车从科幻驶入现实、无人机从小众产品向大众消费产品转型、机器人替代人类照顾病人和老年人……越来越多的公司加入到研发有实用价值的机器人的队伍中去，它们急需技术与产品结合、软件与硬件结合、服务与制造融合的能力。这里所展示的一些新进展预示着日新月异的进步将彻底改变人类的生活。

AI时代，中国将弯道超车？

《环球科学》记者 | 李晓慧

在国家大力推动人工智能发展之际，地方政府和高科技企业相继搭建了吸引人才的平台，海外人才迅速回流。人工智能时代，中国创新的机会也许真的来了。

谷歌母公司Alphabet的执行董事长埃里克·施密特（Eric Schmidt）最近在一次AI大会上声称，未来人工智能将成为最重要的技术之一，而中国可能超越美国，成为AI技术的主导者。施密特的这番话并不是毫无来由，在人工智能领域，中国在政府支持、人才、数据、应用、技术等方面都不落人后。

2017年7月，中国最高国家行政机关国务院印发通知——《新一代人工智能发展规划》，其中明确指出：到2020年，中国人工智能总体技术和应用与世界先进水平同步；到2025年，人工智能基础理论实现重大突破，部分技术与应用达到世界领先水平；到2030年，人工智能理论、技术与应用总体达到世界领先水平。通过人工智能三步战略，中国将跻身创新型国家前列，并为实现经济强国奠定重要基础。

政策发布之外，很多细节也看出中国政府对人工智能领域的关切。在2017年李克强总理主持召开的经济形势座谈会上，6位专家和企业家受邀参加，其中就有机器视觉人工智能行业的领跑者、年仅29岁的旷视科技创始人兼CEO印奇。近期，在西安举办的"全球程序员节"上，《环球科学》记者见到了印奇。一身休闲打扮的印奇有时还稍显腼腆，当说到与总理当面汇报人工智能发

2017年11月,"全球程序员节"在西安开幕。

展的时候,他说:"总理对人工智能非常感兴趣,问了我很多问题,本来给我十五分钟的时间,但是总理与我聊了半小时。"除了获得政府政策支持,人工智能亦受到国有投资机构的青睐,近日,旷视科技获得由中国国有资本风险投资基金领投的4.6亿美金的C轮融资。"这笔融资将用于核心底层技术研发,包括软件、硬件、算法等多个维度。"印奇称。让中国在人工智能核心技术上有更强的竞争力,是旷视科技未来的主要目标。

在国家大力推动人工智能发展之际,地方政府也看到了其中蕴含的巨大机遇。西安市政府看到了当今数字世界未来智能地球的幕后英雄——程序员。2017年11月9日,西安市政府主办的首届"全球程序员节"开幕,西安市市长上官吉庆对程序员给予了很高的评价,"程序员作为软件的创造者,用代码支撑起了数字世界,推动着信息时代的发展和人类社会的进步"。借助首届"全球程序员节",西安吹响了建设中国软件名城的号角。"让西安高校的学子留在西安,让全国、全球的人才看过来。"在人工智能时代,技术归根结底掌握在人才的手中,这也是西安以高规格举办"全球程序员节"的原因。

话题八 | 人工"智"造的新传奇 |

为了给软件人才提供更多机会，也让随时随地随人的IT服务成为可能，中软国际搭建了IT软件外包平台——解放号，它让更多的中小企业利用定制化软件获得创新的能力。"中软国际目前有5万员工，但是解放号仅用一年的时间，已经聚集了20万名以上开发人员、4千多家服务商，为3万多家客户提供服务。"中软国际有限公司董事局主席、CEO陈宇红介绍说。

在人才储备上，虽然绝大部分顶尖的人工智能人才在美国，但是中国的人工智能人才正在急速增长，海外人才快速回流。以旷视科技为例，2011年成立时，团队仅有3人，经过6年的发展，成长为超过400人的中型企业，其中核心研发团队接近200人，"我们的人工智能人才都是从清华、北大这样最优秀的大学中选拔上来的，所以在人脸识别垂直领域，我们有很多自己的积累。"印奇称。陈宇红对中国目前人才回流也深有感触："现在是15年来，海外人才回国量最高峰的时刻。"据统计，2016年海外人才归国率高达79.4%，共计43.25万留学人员回国，较2012年增长15.96万人。

创新工场董事长兼CEO李开复也曾在多个场合表示，看好人工智能未来在中国的发展。他同样认为中国的政策是人工智能发展的优势之一，除此之外，中国独有的大量数据也是发展人工智能的优势。"数据、算法、计算力是人工智能的三个维度，而中国在数据、算法方面都有独特的优势。"印奇说。

未来，人工智能的发展不仅会带来技术本身的进步，还将带动各行各业的创新发展。作为中国IT服务领头羊的中软国际，预计未来三分之一的业务将与AI相关。"我们现在的年收入约有上百亿元，未来五年希望收入能达到300亿元，其中的100亿与AI相关。"陈宇红说。基于人工智能的"城市大脑"项目目前也已经在中国的城市落地，在人工智能的应用层面中国已经先行一步，这将为数据的积累、算法的迭代、硬件的升级带来更多机遇。人工智能时代，中国创新的机会也许真的来了。

寒武纪：
打造人工智能芯片

《环球科学》记者 | 廖红艳

一家刚刚成立的芯片设计公司——寒武纪公司发布了世界上首款神经网络处理器，这种处理器不是基于常规的二进制逻辑运算，而是基于神经元计算处理架构。如果阿尔法狗采用寒武纪处理器的架构，只需要一台个人电脑大小的主机，就可以运行起来，而且运行速度应该会更快。

如何能让一张普通的图片具有艺术性呢？现在，借助一款应用了人工智能算法的手机修图软件Prisma，你可以将任何照片变成名画风格（比如梵高、莫奈、毕加索或宫崎骏风格），且极具艺术品质。连俄罗斯总理梅德韦杰夫都忍不住在社交网站上晒出了一张用Prisma处理过的、有着浓郁铅笔画风格的风景照——滤镜里的莫斯科夜晚。

与普通滤镜不同，Prisma采用深度学习算法，能够利用复杂的人工神经网络，抽象出给定绘画作品里一些高级的隐藏特征，学习画家的绘画风格，再把这个风格"智能"地应用到一张新图片上，是第一款人工智能的平民化应用。不过，美中不足的是，因为人工智能算法计算量极大，用户需要把照片发送到远程的服务器，几十秒后才能看到预览效果。

人工智能算法运算量到底有多大？想象一下，同样采用了人工智能算法的阿尔法狗（AlphaGo），需要用到上千块传统处理器（CPU）和上百块图形处理器（GPU）。

很显然，在人工智能迎来新一波复兴的今天，传统处理器正成为阻碍人工智能普及的瓶颈。如果没有一款专门为神经网络设计的芯片——既高效、低

话题八 | 人工"智"造的新传奇

2016年3月,寒武纪公司发布了世界上第一款神经网络处理器。

耗、体积小,还能够嵌入智能终端设备,我们就无法与人工智能真正"亲密接触"。好消息是,2016年3月,一家刚刚成立的芯片设计公司——寒武纪公司(中国科学院计算技术研究所下属的产业化公司),已经发布了世界上第一款神经网络处理器指令集,而且正在走向商业化。

值得一提的是,寒武纪公司的首席执行官陈天石和首席科学家陈云霁是一对亲兄弟。哥哥陈云霁是计算机体系结构专家,弟弟陈天石是人工智能专家。兄弟两人的合作始于用人工智能技术支持通用处理器的研发,而后转向用处理器技术来支持人工智能的发展。

2014年,陈天石、陈云霁与法国国家信息与自动化研究所(INRIA)奥利弗·泰蒙(Olivier Temam)博士共同发表的学术论文《DianNao:一种小尺度的高吞吐率机器学习加速器》(*DianNao: A Small-Footprint High-Throughput Accelerator for Ubiquitous Machine-Learning*),获得ASPLOS(编程语言和操作系统的体系结构支持)国际会议最佳论文,吸引了国际同行的目光。随后发表的几篇论文，更是奠定了他们在神经网络处理器这个领域的国际领跑地位。

传统处理器指令集是为进行通用计算发展起来的，基本操作为算术运算和逻辑运算。而深度学习算法的基本操作是对人工神经网络中的虚拟神经元和突触进行处理。作为一款神经网络处理器，寒武纪处理器指令集的一条指令即可完成多个神经元的并行处理，而传统处理器需要数百甚至上千条指令才能完成一个神经元的处理。这也就解释了为什么传统处理器运行深度学习算法时效率会如此低下。

"如果把深度学习看作切肉，传统的处理器就是瑞士军刀，我们的专用神经网络处理器则相当于菜刀。瑞士军刀通用性很好，什么都可以干，但干得不快，菜刀是专门用来切菜和肉的，在切肉这件事情上，效率当然更高，"接受《环球科学》采访时，寒武纪公司首席执行官陈天石形象地比喻，"在运行人工智能算法方面，寒武纪处理器比通用处理器好百倍到千倍，如果AlphaGo采用寒武纪处理器的架构，只需要一台个人电脑大小的主机，就可以运行起来，而且运行速度应该会更快。"

2016年7月，寒武纪公司与中国科学院计算技术研究所又共同发布了国际上首款稀疏深度学习处理器（Cambricon-X），它性能更好，功耗更低。在65纳米工艺下，Cambricon-X芯片面积仅为6.38平方毫米，最高每秒能进行5,000亿次神经网络基本运算，性能是高端GPU的10倍，能耗却仅为其3.4%。

目前，寒武纪公司正紧锣密鼓地将自己的芯片推向产业化。陈天石介绍说："芯片从研发、量产到商用，是一个以年为单位的周期，所以最快明年，大家应该可以在市面上看到使用寒武纪技术的芯片产品，比如在智能终端、智能机器人、手机、安防监控或云端服务器上。"

神经网络处理器的诞生，或许会将人工智能推到一个全新的高度。"我们要让人工智能的门槛更低，让研究人员可以自由地尝试规模更大、更复杂的算法。这也是我们给公司取名'寒武纪'的寓意所在，"陈天石说，"像地质年代中的寒武纪迎来生命大爆发一样，我们希望，寒武纪芯片也能开启人工智能的新纪元。"

规范无人机
飞行空域

撰文 | 杰里米·舒（Jeremy Hsu）
翻译 | 蒋泱帅

早些时候，纽约一架私人无人机与喷气式客机险些相撞，这给无人机的发展带来了阴影。为了避免无人机越权飞行事件重复发生，大家仁者见仁，智者见智，提出了许多解决办法。

2015年年初，在纽约拉瓜迪亚机场，一架美国穿梭航空公司的客机在降落的最后阶段，差点儿与一架突然闯入的私人无人机相撞，客机被迫紧急爬升以避免发生碰撞。

这样的意外已不是第一次。目前，美国联邦航空管理局（FAA）每月都会收到约60份飞行员目击到疑似无人机的报告。目前还没有人确切地知道，喷气式客机和小型无人机碰撞，会对客机引擎或机身造成哪种以及多大程度的损坏，不过，美国联邦航空管理局已计划在下一个财年对此进行研究。与此同时，能够阻止此类碰撞发生的技术和政策还尚未出台。

目前的策略是，不让无人机越权飞行事件重复发生。美国联邦航空管理局与地方执法部门合作，联系那些越权操作的无人机拥有者，对他们进行飞行安全法规教育。美国联邦航空管理局还有权对"粗心或莽撞操作"的无人机拥有者进行民事处罚。

波音737的飞行员本·伯曼（Ben Berman）经常飞美国的一条主要航线，他表示，要避免碰撞发生，除了教育市民，美国联邦航空管理局还需要做更多的事。他解释道："尽管大多数时候都是有惊无险，未发生碰撞事故，但如果

一年内我们还对无人机持放纵态度,最终我们肯定会撞上噩运。"

小型无人机〔美国联邦航空管理局规定其重量小于55磅(约25千克)〕不太可能造成比较严重的交通事故,而更大的飞机大都安装了防撞装置,可以追踪附近其他飞机的位置。作为美国国家运输安全委员会的前首席调查员,伯曼还提出了另一种策略,他认为无人机制造商应该设计程序,避免无人机飞至一定海拔或飞入受限空域。美国联邦航空管理局也提出,对"地理防御"这类软件进行更新可以作为短期的解决办法,但并没有对小型无人机制造商提出硬性要求。

一家无人机制造商早已采取了这些措施。世界上最受欢迎的小型无人机由中国深圳的大疆创新科技有限公司生产,其"幽灵"系列每架售价约1,000美元。自2014年起,大疆公司就推出了无人机固件更新,清楚地向操作者表明机场附近、华盛顿特区或国家边界附近的受限空域。如果操作者无视软件发出的

171

话题八 | 人工"智"造的新传奇

警告,想操纵无人机在受限空域飞行,就会发现无人机不再继续飞行。大疆公司的迈克尔·佩里(Michael Perry)说:"无人机就像飞向了一堵看不见的墙。"

此外,其他一些应对措施也即将出台。美国联邦航空管理局在2015年2月出台了针对小型无人机的飞行规定,包括飞行速度、飞行高度限制以及距载人飞机飞行空域的距离限制。这些具体规定将在2016年最终落实。在技术方面,美国国家航空航天局(NASA)也已开始和商业伙伴共同研发可以追踪低空小型无人机的无人空中交通系统。NASA还测试了可用于大型无人机的侦查与回避系统。这些技术将来有望用于更小型的无人机。

随着越来越多的无人机进入普通消费市场,对无人机的规范和管理也变得越来越重要。据新华社报道,2015年1月至5月,中国已出口16万架民用无人机,金额达1.2亿美金。佩里说:"我们正从小众产品向大众消费产品转型,而刚刚接触这一领域的消费者,可能并不像飞机模型爱好者那样,了解相关的规则。"

无人驾驶汽车：
谁为交通事故负责？

撰文 | 科琳娜·约齐欧（Corinne Iozzio）
翻译 | 蒋泱帅

虽然目前无人驾驶汽车的制造商仍要求人类驾驶员在操作时集中注意力，随时准备在能见度下降或天气突变时接管方向盘，但随着无人驾驶汽车从科幻驶入现实，汽车制造商承诺，出于对自己技术的信赖，如果无人车因安全缺陷出事故，它们将承担全部责任。

2016年的情人节对美国山景城来说并不美好。那天，谷歌公司的一辆改装版雷克萨斯无人驾驶SUV（运动型或城郊多用途车）发生了一起交通事故，这也是谷歌公司的首起无人驾驶汽车事故。当时，无人驾驶汽车检测到测试道路下水道周围堆有沙袋，为避免撞到沙袋，无人驾驶汽车试图变道进入中间车道，然而3秒后，它却撞上了一辆公交车的侧方。据报道，无人驾驶汽车的试驾员看到了公交车，但认为公交司机会减速让SUV先通过。

这不是无人驾驶汽车的第一起交通事故，却是第一起非人为因素造成的交通事故（无人驾驶汽车出现的追尾事故，通常是由驾驶员未注意到交通指示灯造成的）。这起交通事故也让之前考虑不充分的一个问题浮出了水面：当无人驾驶汽车引发交通事故时，究竟该由谁来负责并为事故赔偿买单呢？

搞清楚这一问题及其他相关问题，正变得越来越紧迫。汽车制造商和政策制定者担心，如果美国没有统一的无人车交通法规，就无法在美国50个州推行无人驾驶汽车。为了鼓励无人驾驶汽车项目的进行，奥巴马政府要求美国交通运输部在2016年夏天之前提出适用于全美范围的测试提案和安全标准。不过，

话题八 | 人工"智"造的新传奇 |

制图：托马斯·皮蒂利（Thomas Pitilli）

在评估汽车性能和责任问题前，可以先回答另一个问题——造成事故的根本原因是什么。

专家表示，当计算机取代人类驾驶汽车时，该负法律责任的既不是车主也不是车主的保险公司，而是该技术的软件和硬件公司。因此，汽车制造商不可避免地要承担责任。

事实上，无人驾驶技术的先驱正在做出改变。2015年10月，沃尔沃汽车公司宣布，对其全自动驾驶系统造成的人员、财产损伤，公司将承担责任。该系统会在2020年前安装到沃尔沃汽车中。沃尔沃安全与驾驶支持技术部高级技术主管埃里克·科林（Erik Coelingh）解释道，公司做出这个决定，是因为自动驾驶系统包含了许多冗余系统和后备系统，比如备用的摄像机、雷达、电池、刹车、计算机、转向传动装置，根本不需要人类驾驶员介入操作，因此也不会犯错。"不管系统出了什么问题，汽车将仍然具备安全停车的能力。"科林说。

道路上半自动化汽车数量的增长，也验证了科林所说的情况正成为趋势。带有车辆碰撞迫近制动系统的汽车越来越多，该系统依据光学判断车辆前后的潜在影响，并能主动对刹车进行制动。奥迪、宝马和其他汽车公司已研发出具有可自动平行泊车的汽车。2016年下半年，沃尔沃也将在其2017 S90车型上推出全美第一款用于高速公路驾驶的半自动辅助驾驶系统——Pilot Assist。

175

话题八 ｜ 人工"智"造的新传奇

该系统装载了可安装在挡风玻璃上的计算机，配备一台摄像机和雷达，能自动加速、减速、避开障碍物，在时速高达80英里（约129千米）时仍能保持在一个车道内行驶。针对Pilot Assist所具有的特点，技术政策专家、南卡罗来纳大学助理教授布莱恩特·沃克·史密斯（Bryant Walker Smith）称其为"模棱两可的自动化"，因为汽车制造商仍然要求人类驾驶员在操作时集中注意力。他表示："有时候，到底是人为过错还是机器失误，并没有一个清楚的界限。"

眼下，一些汽车制造商正在明确人类驾驶员的职责。通用汽车公司即将上市的Super Cruise系统会装载在2017年发行的新款凯迪拉克汽车上，该系统和沃尔沃的Pilot Assist系统类似，要求人类驾驶员在行车时保持警惕，随时准备在能见度下降或天气突变时接管方向盘。而即将推出Pilot Assist系统的沃尔沃也对驾驶员提出了相似的责任要求——触摸方向盘上的传感器确保驾驶员处于行车状态中。

不过，像沃尔沃、梅赛德斯-奔驰和谷歌这样的汽车制造商胸有成竹，认为当全自动驾驶成为现实时，它们有能力让这项技术以及更多的技术，完全成熟，从而让驾驶员脱离驾驶，也无需承担事故责任。此外，布鲁金斯学会2014年的一项研究发现，目前的汽车产品责任法早已涵盖了以上情况，因此美国也许不需要为继续推动自动驾驶技术而重改任何法律。

汽车制造商表示，不论发生轻微剐蹭还是严重撞击，它们都会承担责任，这是明智之举，因为这无疑体现了采用无人驾驶技术的计算机驾驶比人类驾驶更安全。美国公路安全保险研究所的数据显示，碰撞避免制动系统可使追尾碰撞总数下降40%。而沃尔沃的科林还指出，欧洲版Pilot Assist系统的研究显示，计算机能保持更安全的车距，相比之下，人类驾驶时会出现更多的紧急制动情况。

史密斯表示，长远来看，"制造商和客户都希望无人车在安全性方面的问题越少越好，但从制造商的角度来说，它们愿意承担责任，成为无人车事故的主要责任方"。

深海取样机器人

撰文 | 马克·菲谢蒂（Mark Fischetti）
翻译 | 蒋泱帅

一款机器人可准确抵达深海中特定位置，获取大量微小的生物样本。

通过分析生活在海底的微型浮游生物幼虫，海洋学家可以了解到很多关于海底食物链和海底热液喷发口的信息。不过，把一辆作业车派到漆黑一片、表面又不规则的海底进行精确踩点却十分困难。此外，从大量海水中采集那些几乎看不见的脆弱微小生命，并保证它们完好无损也困难重重。2015年7月，水下自动航行器"哨兵"携带新型取样机——SyPRID，潜入大西洋底的6处甲烷渗流口进行勘察。这些渗流口位于美国北卡罗来纳州和楠塔基特岛之间，有些地方深达2,000多米。由于形状酷似巴祖卡火箭筒，SyPRID也被称作"Plankzooka"，在这次勘察任务中，它取回了132个特殊物种。美国伍兹·霍尔海洋研究所的机器车项目经理卡尔·凯泽（Carl Kaiser）表示，精确取样"能让科学家比较并分析出不同海洋深度处浮游生物幼虫的差异，例如距离海底2.5米和5米，或者距海底热液喷发口10米和50米处浮游生物幼虫的差异，这是非常有用的研究"。

话题八 | 人工"智"造的新传奇

工作原理

1 水下自动航行器"哨兵"沿着海底快速潜至预设地点，SyPRID进行取样操作时，"哨兵"在海底盘旋或匍匐等待。当左侧的漏斗形阀门在精确的取样点打开时，右侧的叶轮会开始运转，将水从取样管中抽出。

2 海水从布满网眼的塑料圆筒中流入，经100目筛网〔筛网目数就是每平方英寸（1平方英寸＝6.4516平方厘米）上的孔数〕流至外壁管道，并流向叶轮。

3 部分海水流入囊网（由一个圆锥体和一个盘状体连通构成）。这种组合结构能减慢水速，降低圆盘内部压力，故聚集在内部的幼虫不会受到损伤。尾部的网状出水口则能在排出海水的同时留住幼虫。

4 单纯通过海水驱动取样机，会在取样管内部造成比较大的冲击，工作车的稳定性也会因此受到影响，难以精准移动。而以叶轮抽出海水，可避免上述问题，即使在小车静止时也能达到精确取样的目的。

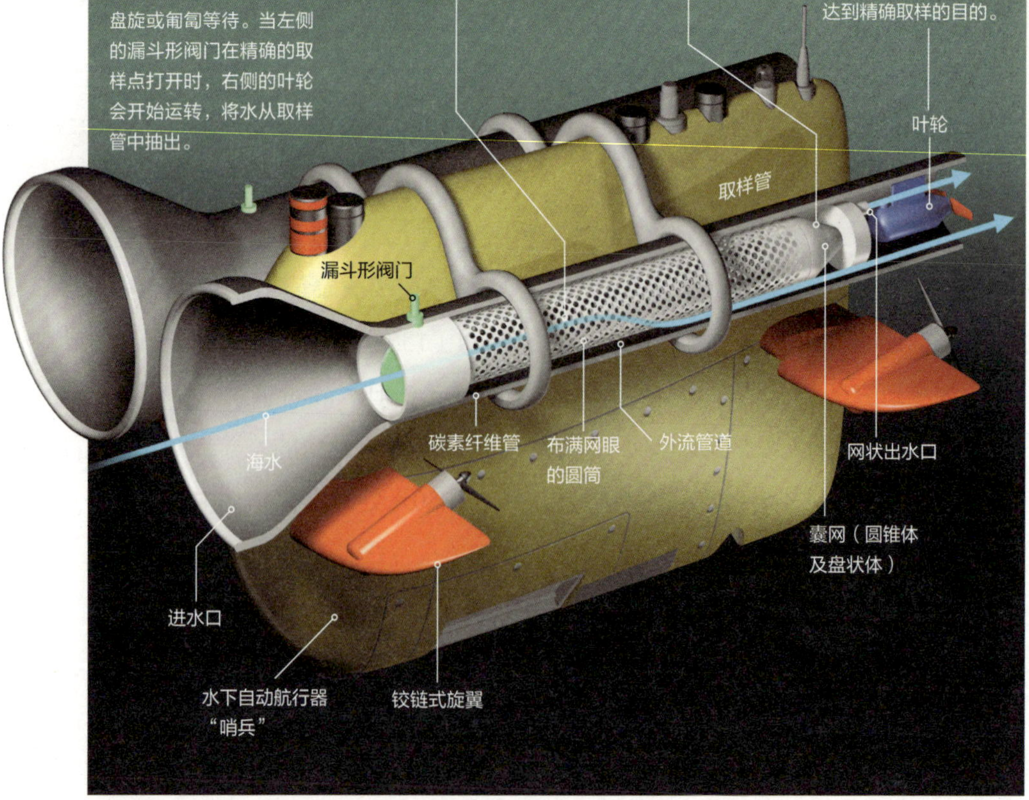

漏斗形阀门
海水
进水口
水下自动航行器"哨兵"
碳素纤维管
铰链式旋翼
布满网眼的圆筒
外流管道
取样管
叶轮
网状出水口
囊网（圆锥体及盘状体）

178

机器人帮脑瘫婴儿学习爬行

撰文 | 科努瓦尔·谢赫（Knvul Sheikh）
翻译 | 张哲

在机器的帮助下，疑似脑性瘫痪的婴儿能够更早学习爬行，爬得也更远。

美国俄克拉何马大学研究者、理疗师图比·科洛比（Thubi Kolobe）称，对于脑性瘫痪的婴儿来说，爬行是件很困难的事。这些孩子的大脑受到损伤，对肌肉的控制力较差，往往无法在地上爬行。相应地，与运动技能和空间定位相关的神经连接的发育也会由此停滞，这将导致患者日后遇到更多与运动有关的问题。科洛比解释道："用进废退，这就是大脑的格言。"

之前的研究表明，早期干预可以改善运动控制，科洛比及同事已经开发出了一种旨在助力婴儿爬行的新设备。该设备被称作"自启动俯卧式前进爬行器"（Self-Initiated Prone Progression Crawler，SIPPC），包括一个高科技婴儿连体衣，以及一个三足、有轮、使用机器学习算法的机器。连体衣中的传感器能够探测婴儿踢腿的动作或者重心的偏移，机器会据此朝相同方向给出一个支撑平台，从而在婴儿想去的方向上提供助力。

在为期12周的初步试验中，研究人员观察了28名疑似脑性瘫痪婴儿（通常只有在婴儿一岁以后才能确诊脑性瘫痪），这些婴儿每两周使用一次SIPPC练习爬行。和对照组的婴儿（使用的机器不提供辅力）相比，试验组的婴儿几乎早一个月就能围着屋子爬一周。跟踪调查表明，在这些婴儿14个月时，受到辅助的婴儿也更可能独立爬行。

话题八 | 人工"智"造的新传奇

该研究团队正在扩大试验规模,计划招募近80名疑似脑性瘫痪婴儿。研究的合作者之一、生物工程教授安德鲁·法格(Andrew Fagg)称:"我们希望最终能开发一个机器人疗法,让这些孩子更多地活动,从而提高他们长大后参与社会活动以及独立生活的能力。"

在婴儿学着探索周边环境时,SIPPC机器会帮助他们爬行。

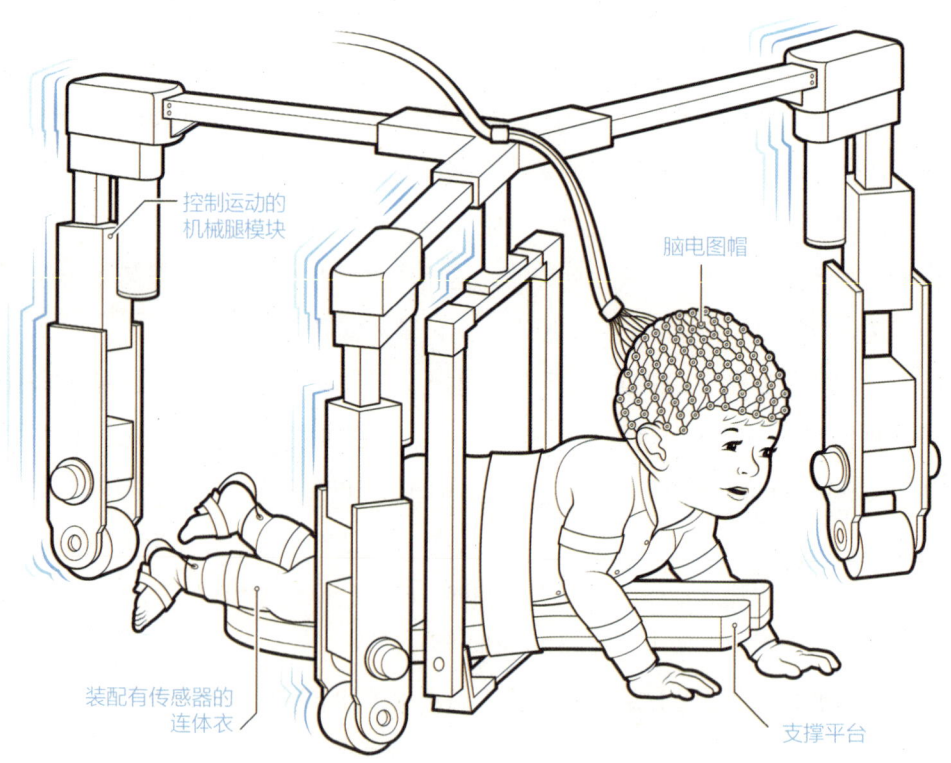

会跳高的机器人

撰文 | 埃琳·比芭（Erin Biba）
翻译 | 季韬

科学家模仿一种原产于非洲的夜行灵长类动物，研发出了更敏捷的跳高机器人。这意味着，机器人爬上高层建筑只是时间问题。

众所周知，机器人的弹跳能力一直很糟糕。有一些机器人能够跳得很高，但在短时间内不能重复跳跃，反之亦然。美国加利福尼亚大学伯克利分校博士生、机器人专家邓肯·霍尔丹（Duncan Haldane）意识到，这个缺陷可能会产生一些不利之处，比如许多现有的机器人在灾难现场进行救援工作时，无法跨越较宽的沟壑及较高的障碍物。因此霍尔丹将目光转向动物王国，希望通过研究自然界最优秀的跳高选手，为创造更敏捷和自主性更强的机器人找到一个样板。

霍尔丹先是创建了一套可以评估动物跳跃高度和速度的方法。进一步研究后，他断定，自然界中最出色的连续跳跃者是一种原产于非洲的夜行灵长类动物——夜猴，也叫灌丛婴猴。夜猴的敏捷度是当今跳跃机器人的两倍。该研究发表在近期的《科学·机器人》（Science Robotics）杂志上。

夜猴的腿部及肌肉非常有利于蹲伏，这个动作有利于在肌腱中存储势能。霍尔丹把这些物理学原理应用到机器人身上，研发出了一款名为萨尔托（Salto）的机器人。这款机器人仅重100克（大约相当于一块香皂的重量），垂直跳跃高度能达到1米。更引人注目的是，萨尔托能从地板跳到墙上，并反弹到另一面墙上，每一次跳跃可以上升大约1.21米。霍尔丹认为，新的跳跃机

话题八 | 人工"智"造的新传奇

制可以应用到任何机器人上。这也意味着,越来越多的机器人爬上高层建筑只是时间问题,至少它们可以通过多次跳跃来完成。

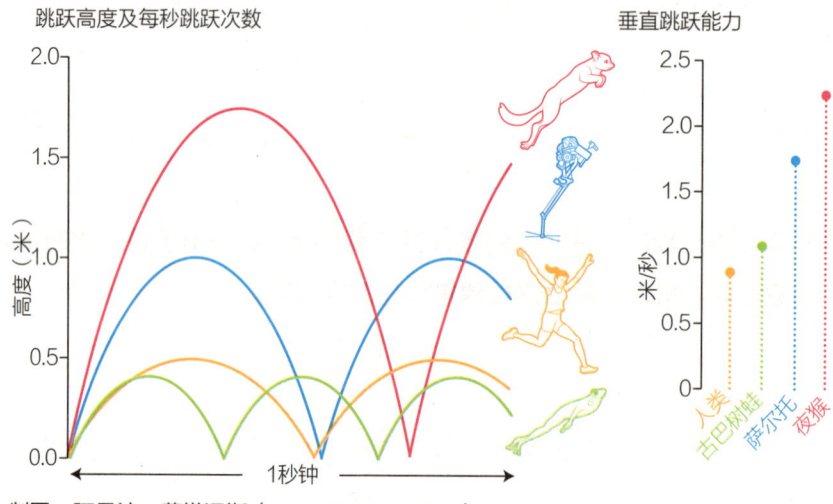

制图:阿曼达·蒙塔涅斯(Amanda Montañez)

更懂老人的陪护机器人

撰文 | 凯瑟琳·卡鲁索（Catherine Caruso）
翻译 | 赵昌昊

> 相比有血有肉的人类伴侣，机器人的优势在于它们永远都不会失去耐心。目前，多家研究机构研发的陪护机器人已经能够记录、分析人的面部表情并做出回应。

机器人已经能够代替人类完成一些传统工作，例如吸尘打扫、做外科手术等。不久以后，它们或许就能够照看病人和老年人了。不过，要想让保姆机器人真正发挥作用，就必须使它们能够辨识并模仿人类的情绪。为了让冷冰冰的机器表现得更加"友好"，研究人员正在研发能更好地理解人类社交信息，并做出回应的机器人。

2016年末，IBM与美国莱斯大学发布了一款"多用途老年人陪护机器人"（Multi-Purpose eldercare Robot Assistant, MeRA），它是在原有Pepper机器人的基础上，开发的一个定制版本。Pepper由日本软银机器人公司开发，身体为象牙色，高度与一个7岁的儿童相当，能够通过语音和面部表情识别人类的情绪并做出回应，已经可以在日本的商场和家庭中为人类提供服务。MeRA则是专门为待在家里的老年人设计的陪护机器人，能够记录、分析人的面部表情，计算出心率、呼吸频率等关键生命体征。

MeRA身上还集成了IBM的人工智能Watson［它可是智力问答节目《危险边缘》（*Jeopardy*）的冠军］的语言处理技术，能够与病人交流，回答有关健康的问题。IBM"本地安老"实验室的创始人苏珊·基奥恩（Susann Keohane）

话题八 | 人工"智"造的新传奇

介绍说:"这个乖巧的机器人集合了所有最先进的人工智能技术。"

与之互补的是,南加利福尼亚大学的机器人专家马亚·马塔里克(Maja Matarić)及其团队正在研发能够与人类进行社交互动的机器人,以帮助老年人更好地融入社群。她说:"我们发现,人们在做某些重要事情的时候,非常需要来自身边的鼓励。于是,我们开辟了用机器人辅助社交的新领域,提供社交上而不是身体上的帮助。"机器人可以通过多种途径协助老年人,比如指导老年人进行物理治疗,以及帮助老年人与朋友、家人进行交流等。

马塔里克的研究团队近期测试了一款名为Spritebot的机器人。它的外形是一只1英尺(约0.3米)高的绿色猫头鹰,可以与老年人一起陪孩子玩耍。研究人员发现,当Spritebot参与到游戏当中时,人与人之间的对话更加丰富,玩游戏的时间更长,互动环节也显得更加温和友善。

马塔里克还计划让老年人与机器人两两结伴,由机器人鼓励老年人养成健康的生活习惯,比如多散步。通过观察人与机器人伙伴的互动,她希望能够研究,生活习惯是如何养成的,以及人与机器人之间的关系会发生怎样的变化。

人们能够给予老年人的陪伴或许会越来越少,因而他们对社交辅助型机器人的需求可能会相应增加。

不过马塔里克也指出,相比有血有肉的人类伴侣,机器人的优势在于它们永远都不会失去耐心,"因为机器不会怀有偏见,也不求回报"。